Otto von Bismarcks Göttinger Studentenjahre 1832–1833

Von
Dr. Walter Nissen

mit einem Vorwort
von Professor Dr. Rudolf Vierhaus

Vandenhoeck & Ruprecht in Göttingen

Umschlagbild:
Bismarck als Hannoveraner.
Bleistiftskizze von Gust. Scharlach (nach A. Zeising, 1912).

Nissen, Walter:
Otto von Bismarcks Göttinger Studentenjahre:
1832–1833 / von Walter Nissen. Mit einem Vorwort von
Rudolf Vierhaus. —
Göttingen: Vandenhoeck und Ruprecht, 1982.
ISBN 3-525-36177-7

© Vandenhoeck & Ruprecht in Göttingen 1982 — Printed in
Germany — Ohne ausdrückliche Genehmigung des Verlages ist es
nicht gestattet, das Buch oder Teile daraus auf foto- oder akusto-
mechanischem Wege zu vervielfältigen — Satz: H. J. Bernert,
Göttingen. Druck: Hubert & Co., Göttingen.

Inhaltsverzeichnis

Vorwort (Rudolf Vierhaus) 5

Otto von Bismarcks Göttinger Studentenjahre 1832–1833   11

Anmerkungen 38

Quellen und Darstellungen 40

Die Beziehungen von Stadt und Universität Göttingen zu Otto von Bismarck in seinen späteren Lebensjahren und nach seinem Tode 45

Das Bismarck-Häuschen am Wall 46

Der Bismarck-Turm auf dem Kleperberg 48

Anhang 51

Vorwort

Mehr als jeder andere deutsche Staatsmann des 19. Jahrhunderts hat Otto von Bismarck die Aufmerksamkeit seiner Zeitgenossen in Deutschland und Europa und das bis heute nicht nachlassende Interesse der Historiker, ja aller geschichtlich und politisch Denkenden auf sich gezogen. Auch wer seine Monumentalisierung ablehnt, die Ziele und Mittel seiner Innenpolitik kritisch beurteilt, sie für das von ihm selber geschaffene Deutsche Reich verhängnisvoll ansieht und die Rücksichtslosigkeiten seines herrischen Wesens nicht übersehen will, kann sich doch des Eindrucks der Außerordentlichkeit und der überragenden Bedeutung dieses Mannes nicht verschließen. Selbst die Tatsache, daß das, was einst Bismarcks größten Ruhm ausmachte, die Reichsgründung, die Schaffung eines deutschen nationalen Staates, heute geschichtlich widerlegt zu sein scheint und der preußische Staat, der die Grundlage seines Handelns war, nicht mehr existiert, hat das Interesse an seiner Person und seinem Werk nicht vermindert, das Urteil darüber allerdings erschwert.

Noch wächst die Zahl der wissenschaftlichen und populären Bücher, Aufsätze, Dokumentationen, Rundfunk- und Pressebeiträge, die sich mit ihm beschäftigen. Kein Abschnitt seines Lebens, kein Bereich seines privaten und politischen Tuns, der nicht wiederholt untersucht worden wäre. Seine Briefe, Reden, amtlichen Schriften und Erinnerungen liegen publiziert vor, ebenso die Gesprächsaufzeichnungen anderer und ihre Erinnerungen an ihn. Die Skala der möglichen Urteile über ihn ist breit und differenziert. Dennoch gibt es immer wieder neue Ansätze zur Deutung seiner vielschichtigen Persönlichkeit und neue Interpretationen seines Denkens und Handelns. Zu tief sind die Spuren seines Wirkens in die deutsche und europäische Geschichte eingegraben, als daß nicht jeder, der sich mit ihr, insbesondere mit der Entwicklung seit der Mitte des 19. Jahrhunderts befaßt, genötigt wäre, sich intensiv mit Bismarck auseinanderzusetzen. Dazu bedarf es dann allerdings erheblicher Anstrengungen; denn gerade hier sagt das Urteil, zu dem jemand gelangt, mindestens ebenso viel über seine eigene Urteilsfähigkeit aus wie über denjenigen, dem das Urteil gilt, über Bismarck.

* * *

Gewiß — er war ein selbstbewußter altmärkischer Landjunker: der Angehörige einer in der preußischen Monarchie privilegierten Klasse, die als Gegenleistung für ihre Dienste für den Staat und für ihre Loyalität gegenüber dem Monarchen selbstverständlich und egoistisch die besondere Berücksichtigung ihrer wirtschaftlichen und politischen Interessen erwartete. Als Otto von Bismarck-Schönhausen 1847/48 zuerst als Parlamentarier in Erscheinung trat und 1862 in kritischer Stunde für die Krone die Leitung der preußischen Politik übernahm, erschien er vielen politischen Beobachtern mit seinem unbedingten Royalismus, seiner verbalen Aggressivität und seiner Handlungsentschlossenheit als Prototyp des borniertes Junkertums. In dieses Bild scheint auch sein Besitzinstinkt und die Handhabung seiner eigenen Landwirtschaft zu passen. Man muß hier jedoch auch etwas anderes sehen, nämlich die Grundlage seines Unabhängigkeitsbewußtseins. Als Herr auf eigenem Grund, als Gutsherr, betrachtete er den bloß beamteten Staatsdiener mit Geringschätzung und traute ihm jene Freiheit von Subalternität nicht zu, die ihn selber in so hohem Grade kennzeichnete. Er war kein Mann planmäßiger Ausbildung und Karriere; durch Herkunft und Konnexionen einer Stellung im militärischen oder zivilen Staatsdienste sicher, hat er seine Ämter stets als solche verstanden, die er aus freier Entscheidung übernommen habe und auch verlassen könne. Die Maßstäbe seines Pflicht- und Verantwortungsgefühls fand er nicht in den Institutionen und auch nicht bei den Menschen, sondern — auf der Grundlage einer sehr persönlichen Religiosität — in sich selber. Gewiß der unabhängigste »Diener« seines Königs und seines Staates, den man sich vorstellen kann!

Der Politiker Bismarck: beginnend als ein konservativ-monarchistischer Heißsporn, der 1848 seine Bauern nach Berlin führen will, und als ebenso brillianter wie provokatorischer Redner, ist er unstreitig, auch als Regierungschef, einer der großen deutschen Parlamentarier gewesen — ein Meister des Wortes, aber auch des Taktierens. In einem System, das zwar keine parlamentarische Verantwortung der Regierung kannte, diese jedoch nötigte, für Gesetzgebung und Etat parlamentarische Mehrheiten zu finden, hat Bismarck seine großen innenpolitischen Auseinandersetzungen nicht am Schreibtisch und nicht im Kabinett, sondern im preußischen Abgeordnetenhaus und im norddeutschen und deutschen Reichstag geführt, wo er allenfalls von 1866 bis 1878 mit sicherer Zustimmung rechnen konnte. Hier stieß er auf Widerstände, hier hat er sich selber durch seine Angriffe die schärfsten Gegner geschaffen. Dies gehört ja auch zur Geschichte des Innenpolitikers Bismarck: daß er, der Erfolgreiche, nie ohne Gegner und ohne Opposition regiert hat! In der Innenpolitik aber hat er — was auch die Zeitgenossen gesehen und beklagt haben — zunehmend jenes Augenmaß vermissen lassen, das seine Außenpolitik auszeichnete. Nicht nur brachte er verletzende Schärfen in die Auseinandersetzungen; er beging mit dem Kulturkampf gegen das katholische Zentrum, mit den Ausnahmegesetzen gegen die Sozialdemokratie und mit der Schwächung und Zersplitterung des politischen Liberalismus verhängnisvolle Fehler, die dadurch nicht gerechtfertigt werden können, daß es die Sorge um die Erhaltung und Festigung der neuen Einheit des Reiches war, die ihn so handeln ließ.

Als konservativen Parteipolitiker oder als pseudoabsolutistischen oder »bonapartistischen« Machtpolitiker kann man ihn dennoch nicht abtun. Von seinem bekannten Briefwechsel mit Leopold von Gerlach in den 1850er Jahren über sein Indemnitätsersuchen nach dem preußischen Verfassungskonflikt 1867, seine Zusammenarbeit mit den Nationalliberalen bei der Reichsgründung und den Einbau Preußens in das neue Reich bis zum Kulturkampf zieht sich eine Kette von tiefgehenden Verstimmungen und Konflikten mit den Konservativen, in deren Reihen die meisten seiner Standesgenossen und viele seiner alten Freunde standen. Als er Ende der 1870er Jahre unter dem Eindruck weltweiter wirtschaftlicher Krise das Steuer der Zoll-, Finanz-

und Innenpolitik im Interesse von Schwerindustrie und Landwirtschaft auf konservativen Kurs legte, war das eine pragmatische, keine ideenpolitische Entscheidung, so sehr er davon überzeugt war, daß in Preußen die Regierung sich selbstverständlich auf die konservativen und monarchistischen Kräfte müsse stützen können, und umgekehrt deren Interesse berücksichtigen müsse, so weit dies möglich sei. Mit dieser Kursänderung, vor allen Dingen mit seinem entschlossenen und erfolgreichen Widerstand gegen eine Weiterentwicklung des monarchisch-konstitutionellen Regierungssystems in demokratisch-parlamentarischer Richtung hat Bismarck die innenpolitischen Fronten verhärtet und bei seiner Entlassung durch Wilhelm II. die wirtschaftliche und militärische Großmacht Deutsches Reich mit latenten Strukturschwächen und einer Führungskrise hinterlassen, deren Ausmaß ein Vierteljahrhundert später im Ersten Weltkrieg offenbar wurde.

Weit weniger umstritten ist, auch heute, der Außenpolitiker Bismarck. Sein Ziel als Bundestagsgesandter in Frankfurt und Botschafter in St. Petersburg, auch als preußischer Ministerpräsident war zunächst nicht die Einigung Deutschlands, sondern die Stärkung Preußens als norddeutsche Vormacht. In der Konsequenz dieser Zielsetzung sprengte er den Deutschen Bund, führte er Krieg gegen Österreich, depossedierte er legitime Dynastien und funktionierte er den Konflikt mit Frankreich in einen nationalen Einigungskrieg um. Daß er diese Politik mit der liberalen und nationalen Einheitsbewegung und mit der wirtschaftlichen Gesamtentwicklung koordinierte, war eine Meisterleistung, die er mit dem Aufbau eines europäischen Bündnissystems zur Sicherung des neuen Reiches krönte. In ihm sollte das »saturierte« Reich das stabilisierende Schwergewicht sein — und ist es für mehr als zwei Jahrzehnte auch gewesen. Der Erfolg dieser Politik, der das europäische Staatensystem revolutionär veränderte und der europäischen Mitte ein Gewicht gab, das sie seit Jahrhunderten nicht besessen hatte, noch mehr vielleicht die Überlegenheit, mit der sie durchgeführt wurde, hat dem Staatsmann Bismarck ein ungeheures internationales Prestige eingetragen.

Und der Mensch Bismarck? Sensibel und reizbar, aber auch forsch und rücksichtslos; im tiefsten fromm, aber auch ehrgeizig und des Hasses fähig; aufsässig, unbequem, aber auch pflichtbewußt; vom Erfolg verwöhnt, doch nie ohne Feinde und nie ohne schwere Sorge um den Bestand seines Werkes: all das paßt in kein Schema, und man sollte die Widersprüche seines Wesens nicht harmonisieren. Man sollte nicht vergessen, daß dieser kräftige Mann, den nationales Mythenbedürfnis zum »Eisernen Kanzler« mit Kürassierhelm und -stiefeln stilisierte, zunehmend von Schmerzen geplagt und empfindlich war. Und man sollte sich erinnern, daß er, ein machtvoll Handelnder wie wenige, überzeugt war, der Mensch könne »den Strom der Zeit nicht schaffen und nicht lenken«, sondern »nur darauf hinfahren und steuern«.

Er benutzte und verbrauchte Menschen um sich herum und kannte für seine politischen Gegner keine Schonung; unter der Last der Regierungsverantwortung und im Kampf mit Parteien und Gruppen verbrauchten sich seine einstige unbekümmerte Leichtigkeit, sein gesellschaftlicher Charme und auch sein Edelmut. Aber dieser Mann, dessen Ansprüche an äußeren Geschmack gering blieben, war ein Meister des Wortes und der Feder. Seine Sprache beeindruckt gleichermaßen durch Elastizität und Konkretheit, Intellektualität und Anschaulichkeit. Das macht die Lektüre seiner amtlichen Schriften, Reden und privaten Briefe auch für die heutigen Leser zum Genuß und zur politischen Belehrung.

* * *

Da Otto von Bismarck mehr als jeder andere der deutschen Entwicklung seit der Mitte des 19. Jahrhunderts die Richtung gegeben und der Gestalt des deutschen politischen Lebens seinen Stempel aufgedrückt hat, ist es nur zu verständlich, daß immer erneut nach Herkunft, Bildungswelt, Erfahrungen und Einflüssen, nach all dem gefragt wird, was ihn zu dem gemacht hat, was er war. Dabei richtet sich der Blick auch deshalb nicht zuletzt auf seine Studienjahre, weil sie für viele Menschen, die später zu Bedeutung gelangt sind, prägende Wirkung gehabt haben. Trifft das auch für Bismarck zu? Hat der akademische

Unterricht wesentlich zur Formung seiner politischen Anschauungen beigetragen? Sind Eindrücke des akademischen Lebens für ihn wichtig gewesen? Lassen sich in jenen Jahren Züge seines Wesens erkennen, die sich später noch verstärkt haben oder überlagert worden sind?

Daß solche Fragen gerade in Göttingen gestellt und mit besonderem Interesse an dieser Stadt und ihrer Universität beantwortet werden, wird sicher jedem Leser der folgenden Seiten einleuchten.

Rudolf Vierhaus

Eine gute Wegstunde unterhalb Tangermünde, stromaufwärts auf dem rechten Elbufer den hohen Deich entlang, liegt in der von fernen Höhenzügen abgeschlossenen Aue das Dorf Schönhausen in der Altmark. Aus den Kronen der alten Eschen und Eichen ragt der Kirchturm des Dorfes hervor, ein seltsam geformter Backsteinbau aus romanischer Zeit. Er steht heute noch. Nahe bei der Kirche, versteckt im dichten Grün der Baumkronen, stand einstmals ein schlichtes Gutshaus, dessen Eingangsportal mit dem Wappen einer Familie geschmückt war, die seit dem 16. Jahrhundert hier zu Hause gewesen ist, der ritterbürtigen Patrizierfamilie von Bismarck. Hier wurde am 1. April 1815 der größte Sohn der Familie, Otto von Bismarck, geboren.

Das Gutshaus, auch Schönhauser Schloß genannt, steht heute nicht mehr. Beim Kampf um den Brückenkopf Tangermünde, Mitte April 1945, wurde es nur leicht beschädigt und konnte nach Ausplünderung noch Flüchtlingen als provisorische Wohnstätte dienen. »Obwohl durchaus restaurierbar, wurde es 1958 aus politischen Gründen gesprengt. Damit wurde ein Geschichtsdenkmal allerersten Ranges absichtlich für immer beseitigt«[1]. In der DDR wünschte man nach 1950, daß in den Schulbüchern ein neues Bild der preußisch-deutschen Geschichte entsteht. Da ist es überflüssig, bei der marxistisch-leninistischen Einstellung, noch an die Persönlichkeit eines feudalen Gutsbesitzers mit Namen Bismarck durch die Existenz seines Hofes erinnert zu werden[2].

Das Bismarck-Bild heute

Der Zusammenbruch des Bismarckschen Deutschen Reiches in der Katastrophe des Jahres 1945 hat Bemühungen um ein verändertes Geschichtsbild zu einer unabdingbaren Aufgabe unserer Generation gemacht. Ein schneller Blick auf den Büchermarkt und die Zeitschriften-Literatur, besser aber noch die gründliche Durchsicht des Systematischen Katalogs einer großen wissenschaftlichen Bibliothek, wie etwa der Niedersächsischen Staats- und Universitäts-Bibliothek in Göttingen, zeigt aufs deutlichste, wie lebhaft die Ansätze hierzu in der Bundesrepublik und im Ausland in Gang gekommen sind. Die Gegner und die Freunde Bismarcks sind alle, einer nach dem anderen, wieder hörbar geworden und haben von neuem gegen ihn oder für ihn Zeugnis abgelegt. »Bismarck feiern? — Unmöglich heute«, so rief der bedeutendste deutsche Historiker der Bismarck verehrenden Generation, Professor Friedrich Meinecke, 1948 aus. Aber kaum zwei Jahrzehnte nach diesem Wort, im Jahre 1965, haben sich Bundeskanzler, Bundestag und Bundespost (zum 150. Geburtstag Bismarcks gab die Bundespost eine Sondermarke zu 20 Pf. heraus) in Zusammenarbeit mit den führenden Geschichtswissenschaftlern geeinigt, und man sprach wiederum von einem der größten Männer unserer Geschichte, von einem Beispiel und einem Lehrmeister. Der Gedanke drängt sich auf, daß das Schwanken in der Wertung Bismarcks in der Eigenart dieser Persönlichkeit und der Einzigartigkeit seines Werkes selbst liegen muß. Der glorifizierende Mythos vom »Politiker in Waffenrock und Kürassierstiefeln« oder vom »Eisernen Kanzler« konnte wieder aufleben. Andererseits sprach man von seiner verhängnisvollen Kriegs- und Gewaltpolitik und brachte gern den — stets unvollständig zitierten — Ausspruch Bismarcks »Wir Deutsche fürchten Gott, aber sonst nichts in der Welt«[3] vor, der so gut zu »Eisen und Blut« zu passen scheint. Die Erfassung und Deutung Bismarcks ist zu einem Problem geworden, das die Geschichtswissenschaft wie die Öffentlichkeit in vielfältiger Hinsicht berührt. Die alte, vor 1945, in den Hintergrund gedrängte Frage stellt sich mit neuer Schärfe: Hat durch das Auftreten Bismarcks der Gang der deutschen Geschichte in neuester Zeit erst seine verhängnisvolle Wendung erhalten?

Die moderne kritische Geschichtsforschung besitzt Mittel, um den Nebel bloßer Auffassungen, bloßen Wünschens und Verwünschens, zerteilen zu können. Sie vermag sichtbar zu machen, »wie es eigentlich gewesen ist«, um das bekannte Wort Leopold von Rankes hier aufzunehmen. Man lernte wiederum, sich erst dann ein Urteil anzumaßen, wenn man die Quellen eingesehen und diese voll ausgeschöpft hat. Das zur Bismarck-Forschung notwendige Fundament einer umfassenden Quellenpublikation der politischen Schriften, der Gespräche, der Reden und seiner autobiographischen Aufzeichnungen »Erinnerung und Gedanke« bietet die sogenannte Friedrichsruher historisch-kritische Ausgabe der gesammelten Werke. Sie schafft dem Historiker die Voraussetzung, die Spannweite zwischen Bewunderung und Ablehnung zu verringern und in Einzelfragen Übereinstimmung im Urteil herbeizuführen.

Den Anstoß zu einer Neuorientierung im Bismarck-Bild gaben nach 1945 zwei umfangreiche Bismarck-Biographien, die beide im herkömmlichen Sinne streng biographisch-chronologisch orientiert, Persönlichkeit und Werk zwar von grundlegend unterschiedlichen Blickpunkten aus darstellten und beurteilten, jedoch es vermochten, eine gleichmäßige, gelegentlich sogar spannend geschriebene Gesamtdarstellung zu erarbeiten. Das Buch des konservativen Historikers Arnold Oskar Meyer (erschienen 1949) beruht auf der Durchdringung des äußerst umfangreichen Quellenmaterials, wobei der Nachdruck mehr auf den persönlich-menschlichen als auf dem politischen Felde liegt. Die andere große Gesamtschau stammt von Erich Eyck, einem von den Nationalsozialisten zur Emigration gezwungenen liberal denkenden Rechtsanwalt, ein dreibändiges Werk, das in London vor und in den Kriegsjahren geschrieben wurde und in der Schweiz veröffentlicht ist. Beide Autoren, Meyer wie Eyck, bieten dem Wissenschaftler ebenso wie dem Laien durch ihre Gesamtdarstellung eine überschaubare Schilderung des Bismarckschen Lebenswerkes und seiner innen- und außenpolitischen Absichten. So unterschiedlich die politischen Standpunkte der beiden Verfasser auch sind, das Reizvolle bei dieser Darstellungsmethode ist die Beobachtung, daß die zahlreichen in der Forschung behandelten Einzelfragen, gewissermaßen die »Bismarck-Ausschnitte«, hier zu einem Ganzen verläßlich zusammengefügt werden.

Anders als die Veröffentlichungen, die es wagen, Bismarcks politische Gesamtleistung darzustellen — wie etwa Lothar Gall als Herausgeber der Einzelbeiträge zum »Bismarck-Problem« —, drohen die Aufsätze und Abhandlungen, die einen speziellen Bereich seiner politischen Tätigkeit oder seiner privaten Neigungen zum Gegenstand haben, unübersehbar zu werden. Die Skala der Veröffentlichungen reicht von Bismarcks Einstellung zum Staat und zur Religion bis zu seinem Verhältnis zur Natur und zur Hausmusik. Es gibt Beiträge, die ihn als Hausvater und Erzieher, als Jäger, als Tänzer und Landwirt, als Schriftsteller und Künstler schildern. Denn dank der günstigen Quellenlage wissen wir über ihn heute für jeden Lebensabschnitt, was er gesagt und was er getan hat, weil alles von ihm oder über ihn in diplomatischen Noten und in persönlichen Briefen, in der großen Rede und im vertraulichen Gespräch aufgezeichnet wurde.

Die Bedeutung der Göttinger Studentenzeit im Leben Bismarcks

So ist es auch nicht verwunderlich, daß Bismarcks Jugendzeit und hier besonders seine Göttinger Studentenjahre mehrfach behandelt wurden, übrigens in den neueren Arbeiten keineswegs oberflächlich oder anekdotenhaft oder mit dem negativen Vorzeichen »von mehr lokaler Bedeutung«. Den Legendenkranz, der sich zur »Ausschmückung« um den späteren großen Staatsmann zu ranken begann, zerrissen neuere Untersuchungen. Nach diesen vor etwa 20 Jahren angestellten speziellen Forschungen ist es in den kritischen Bismarckstudien nicht mehr möglich, nur noch schöne Geschichten von dem »Junker« in Göttingen zu erzählen. In erster Linie sind hier die zuverlässigen Arbeiten von Professor Dr. Franz Stadtmüller zu nennen, durch die deutlich wird, welche Bedeutung die drei in Göttingen verlebten Semester für den jungen Otto von Bismarck gehabt haben.

Der junge 17jährige Student traf die erste selbständig unternommene Entscheidung seines Lebens in Göttingen, als er sich entschloß, nicht Burschenschafter zu werden, sondern in einem der vornehmsten und gebildetsten »Clubbs« der Zeit, bei dem

Corps Hannovera zu Göttingen »einzuspringen«. Dieser so nichtig erscheinende Entschluß hat jedoch sehr stark seinen gesamten Lebenslauf bestimmt. Die Grundrichtung in seiner Einstellung zum Staat ist bei ihm schon so früh durch diesen Entscheid zu erkennen. Er selbst hat es im Alter so empfunden und es ausgesprochen den Abgeordneten der Stadt Göttingen gegenüber, als diese ihm im April 1877 den Ehrenbürgerbrief überreichten: »Meine hier in Göttingen verbrachte Zeit bildet ein Stück von meinem Leben, dessen ich mich gern und mit Wärme erinnere«[4].

Die Lebensauffassung des Schülers Otto von Bismarck

»Als normales Produkt unsres staatlichen Unterrichts verließ ich 1832 die Schule als Pantheist, und wenn nicht als Republikaner, doch mit der Überzeugung, daß die Republik die vernünftigste Staatsform ist«. Mit diesem viel zitierten, gewiß von ihm stilisierten, Jugendeindrücke spiegelnden Satz leitet Bismarck sein Memoirenwerk »Erinnerung und Gedanke« (heute üblicher Titel) ein, mit dessen Niederschrift er als 75jähriger bald nach seiner Entlassung als Reichskanzler und Preußischer Ministerpräsident 1890 begann, da ihm — wie er selbst wiederholt gesagt hat — »das Spalier entzogen war, an dem sich sein Leben bisher emporgerankt hatte«[5]. Die pantheistischen und republikanischen Neigungen waren jedoch nicht stark genug, um die angeborenen preußisch-monarchischen Gefühle auszulöschen. Die drei von ihm besuchten Berliner Schulen, die Plamannsche Lehranstalt und die beiden in hohem Ansehen stehenden städtischen Berliner Gymnasien (Friedrich Wilhelms-Gymnasium und Gymnasium zum Grauen Kloster), vor allem aber der Berliner Gesellschaftskreis, in den die Eltern den heranwachsenden Jüngling einzuführen sich bemühten, wirkten auf ihn stark. Er konnte in der Zukunft nicht vergessen, wohin er nach Abstammung und Erziehung gehörte. So heißt es denn auch klar und deutlich in seinen Ausarbeitungen, gewidmet »den Söhnen und Enkeln zum Verständnis der Vergangenheit und zur Lehre für die Zukunft«: »Meine geschichtlichen Sympathien blieben auf seiten der Autorität«, und diese Autorität kann nichts anderes heißen als die hergebrachte Ordnung, der Vorrang von Krone und Adel, das alte Preußen.

Wo und was sollte der junge Bismarck studieren?

»Er wird in Bonn, Genf und Berlin Jura und Cameralia studieren«, so heißt es in Bismarcks Abgangszeugnis vom Gymnasium zum Grauen Kloster in Berlin. Doch es kam anders. Bismarcks Mutter ließ sich von ihrem lang gehegten Wunsch nicht abbringen, daß ihr Sohn Otto Diplomat werden sollte, ein Gedanke, von dem dieser vorläufig noch gar keine Notiz nahm. Eine Neigung, Offizier zu werden, scheint er, wenn man auf seine Haltung in den nachfolgenden Jahrzehnten schließen darf, ohne besonderen Kummer aufgegeben zu haben. Groß war sein Wunsch, auf dem Lande in der Bewirtschaftung der väterlichen Güter tätig sein zu können. So sah er das vor ihm liegende Studium zunächst auch nur als eine Pflichtübung an, als Fortsetzung des schulischen Daseins. Es sind diese Vorstellungen gar nicht so absonderlich für einen Jüngling, der gerade sein 17. Lebensjahr vollendet hatte und jünger war, als heute der jüngste Student an Deutschlands Hochschulen an Lebensjahren zählt.

Die zweite wichtige Frage galt dem Ort, wo der Sohn sein Studium beginnen sollte. Der Name Heidelberg klang ihm selbst in den Ohren, doch die Mutter hegte ernste Bedenken, weil ihr erzählt wurde, daß dort viel Bier von den Studenten getrunken werde. Erörtert wurden weiterhin die Universitäten Bonn, Genf und Berlin. Im Familienrat einigte man sich schließlich im Frühjahr 1832 und gab das Votum für Göttingen ab, indem man zwei Gründen Geltung verschaffte: Dort, in dieser kleinen Stadt hält sich gern der junge aus Norddeutschland gebürtige Adel studienhalber auf, und zudem ist es allgemein bekannt, daß durch die enge Verbindung Hannovers mit Großbritannien viele Engländer und Amerikaner zum Studium nach Göttingen gelockt werden. Auf der Georgia Augusta, die als die hohe Schule zur weltmännischen Bildung seit 100 Jahren galt, konnte man aufbauend auf die große Tradition des 18. Jahrhunderts im Umgang mit der vornehmen Welt und nebenbei im Verkehr mit angelsächsischen Kommilitonen das Ziel erreichen, das der Herzenswunsch der Mutter war, ein »gebildeter Mensch« zu werden.

Stadt und Universität Göttingen um das Jahr 1830

Wie sah es nun aus in dieser Stadt, wo Otto von Bismarck am 10. Mai 1832 in der juristischen Fakultät als Sohn des Gutsbesitzers Bismarck zu Schönhausen in der Altmark immatrikuliert wurde? Der erste Eindruck mag nicht ungünstig gewesen sein. Der Ankömmling fand Quartier und blieb bei dem Bäcker und Hauswirt Justus Friedrich Schumacher in dessen Haus in der Rothen Straße (alte Bezifferung 299, heute Nr. 27). Zu Ostern 1833 zog er auf die »Kleine Mühle« in Voß' Garten am Wall, einer im Jahre 1447 erbauten Wallbastion am Leinekanal zwischen Groner und Geismar Tor. Er selbst hat auf seinem Alterswohnsitz in Friedrichsruh im Sachsenwald bei Hamburg einer Abordnung der Deutschen Burschenschaft bei seinem 75. Geburtstag sein Göttinger Quartier beschrieben: »In meiner Göttinger Studentenwohnung habe ich von meinem wenig benutzten Arbeitstisch eine brillante Aussicht gehabt. Der vorübergehende Leinekanal hat mir viel Vergnügen bereitet. So bin ich häufig, wenn ich des Nachts nach Hause gekommen bin, in die kühlen Fluten desselben gestiegen, um zu baden und darauf am Hause emporgeklettert«.

Die Stadt selbst, die damals knapp 10 000 Einwohner zählte und unter diesen über 800 Studenten, konnte man auf den mit Linden bepflanzten Wallanlagen, der beliebten Promenade der Bürger, in einer knappen Stunde umwandern. Leider besitzen wir in Bismarcks Werken keine zusammenhängende, bis in Einzelheiten sich verlierende Beschreibung seiner Göttingen-Beobachtungen, wie diese von manchen Besuchern in jenen Zeiten des Biedermeiers und des Vormärz als »Reisebilder« niedergeschrieben wurden. Wer damals in Göttingen als Fremder sich einquartierte, wie z. B. der junge Heinrich Heine als Jura-Student in den letzten Tagen des Oktober 1820, der mußte staunen und konnte sicherlich kaum glauben, daß dieses bescheidene Ackerbürgerstädtchen auch wirklich die Stadt Göttingen ist, »berühmt durch ihre Würste und Universität, gehört dem Könige von Hannover, und enthält 999 Feuerstellen, diverse Kirchen, eine Entbindungsanstalt, eine Sternwarte, einen Karzer, eine Bibliothek und einen Ratskeller, wo das Bier sehr gut ist«[6].

Der »widerwärtige Aufstand« in Göttingen 1831

Doch das große politische Geschehen ging auch an dieser kleinen Stadt und dem gelehrten Stilleben der Professoren nicht spurlos vorüber. Die Nachrichten von der Juli-Revolution in Frankreich 1830, der »großen Woche«, wie man die Pariser Ereignisse vielfach nannte, lösten in ganz Deutschland ein Welle von Demonstrationen und lokalen Aufständen aus. Auch im Königreich Hannover gärte es. Die Bevölkerung wurde aufgeklärt, zugleich aber auch aufgewiegelt durch zahlreiche Flugschriften, in denen Mißstände aller Art, wie etwa die schweren Lasten und Abgaben der zinspflichtigen Bauern und der gewerbetreibenden Handwerker kritisch beleuchtet wurden. Das Thema, wie die Presse durch eine harte Zensur gefesselt sei und hierdurch der Schwung der Wissenschaften und Künste lahmgelegt wird, gab in Göttingen den Zündstoff ab. Anfang 1831 standen Stadt und Universität unmittelbar am Vorabend einer revolutionären Bewegung.

Am 8. Januar bewaffneten sich Bürger und Studenten und drangen in das Rathaus ein. Ein Gemeinderat wurde gebildet mit dem Ziele, dem König »alle Landesbeschwerden« vorzutragen. Doch der Vertreter des Königs, der Generalgouverneur Herzog von Cambridge, lehnte alle Verhandlungen ab und ließ die Universität schließen. Er verlangte die sofortige Unterwerfung und die Rückkehr zur »Ordnung«. Am 16. Januar 1831 rückten die Regierungstruppen in gewaltiger Stärke kampflos in die Stadt ein. Eine Woche lang hatte der Göttinger Aufruhr gedauert. Er war zwar nur ein bescheidenes Ereignis, gemessen an der revolutionären Welle, die durch ganz Deutschland im Vormärz ging, aber »der dürre und widerwärtige Aufstand«, wie Jacob Grimm klagte, war doch folgenreicher und mehr als ein »kindischer Spuk«[7].

Bismarcks Einstellung zu revolutionären Bestrebungen in seiner Göttinger Zeit

Als die Erhebung in Göttingen, die man in völliger Verkennung ihrer Bedeutung auch eine »kleine akademische« genannt hat, niedergeschlagen war, zeigten sich recht bald böse Nachwirkungen im Universitätsleben. Die Zahl der Studenten sank erheblich in den folgenden Jahren und hat die Höhe aus dem Jahre 1830 bis zum Ende des Jahrhunderts nicht wieder erreicht. Diese Nachwehen spürte auch Bismarck während seiner drei Göttinger Semester. Er hörte, als er nach Göttingen kam, in vielen Gesprächen von dem nur etwas über ein Jahr zurückliegenden »Studentenputsch«. Mit einigen älteren Kommilitonen besprach er vornehmlich in dem Gasthaus »Krone« in der Weender Straße, wo er gern verkehrte, und mit dessen Wirt, Friedrich Bettmann, die Lage, und schmunzelnd hat sich der Fürst noch im hohen Alter (1895) an diese Wein- und Biergespräche erinnert. Die »tumultuarischen Eingriffe in die staatliche Ordnung« widerstrebten seiner preußischen Auffassung, wie er mit aller Deutlichkeit in dem Eingangskapitel von »Erinnerung und Gedanke« schreibt. Auch von dem aktuellen politischen Ereignis seines ersten Semesters, der Hambacher Feier (27. Mai 1832), jener bekannten Kundgebung demokratischer und liberaler Kreise besonders aus der Rheinpfalz, mochte er nichts hören, weil dort die Veranstalter die Volkssouveränität, die »Vereinigten Freistaaten Deutschlands« in einem »konföderierten republikanischen Europa« proklamierten. Auch der Sturm auf die Frankfurter Hauptwache (3. April 1833), von Bismarck nur kurz »Putsch« genannt, erregte ihn in seinem dritten Semester keineswegs, obwohl dieses Unternehmen mit dem Ziel, einen allgemeinen Aufstand in Deutschland auszulösen, als Anführer den bereits durch den Göttinger Aufstand bekannten Dozenten Dr. Rauschenplat besaß.

Bismarcks Einstellung zu seinem Studium in Göttingen

Während seiner Göttinger Studentenjahre lebte Bismarck frisch und fröhlich in den Tag hinein. Frei von jeglichem Zwang wollte der junge Mann sein und sich keine übermäßigen Gedanken machen über seine zukünftige Tätigkeit im Staatsdienst. Im Alter hat er sich selber Vorwürfe gemacht, daß er in Göttingen zu wenig gearbeitet und zu viele Schulden gemacht habe. Auch seufzt er, daß er ein allzu eifriger Kartenspieler und Biertrinker gewesen sei. Als jedoch dem 70jährigen im März 1885 durch den Rechtsgelehrten Professor Jhering ehrenhalber das Doktor-Diplom der Göttinger Juristischen Fakultät überreicht wurde und der hierdurch Geehrte in der prächtig gestalteten Urkunde lesen konnte, er sei »... olim per tria semestria apud nos iuris studio deditum...«, da lächelte Durchlaucht und bemerkte, daß er in Göttingen doch mit den Pedellen der Universität in weit nähere Berührung gekommen sei als mit den Professoren[8].
In dem Abgangszeugnis, das Prorektor und Senat der »Königlich Großbritannischen - Hannoverschen - Georg - August - Universität« dem aus Göttingen zur Berliner Universität sich abmeldenden Bismarck am 30. November 1833 ausstellten[9], haben wir seinen ganzen Studiengang vor uns. Aus diesem Dokument sieht man, wie sein Studieneifer von seinem ersten bis zu seinem dritten Semester langsam aber stetig abnahm. Anfangs belegte er noch Kollegien, die ihn fünf Stunden am Tage in Anspruch nahmen, im dritten Semester waren es nur noch zwei täglich. Die einzige Vorlesung aber, die er tatsächlich regelmäßig hörte, war keineswegs die von einem Juristen, sondern ein Kolleg bei dem 71jährigen Historiker Professor Heeren über Länder- und Völkerkunde, morgens um sieben Uhr. Wenn es ihm auch schwerfiel, zu dieser frühen Stunde in die Wohnung des berühmten

Gelehrten in die Pauliner Straße zu eilen, so hat er diesem Geschichtswissenschaftler doch zwei Semester lang die Treue gehalten. Was Heeren über Grundlagen und Gesetzmäßigkeiten der auswärtigen Politik vortrug, hat den jungen Studenten Bismarck erheblich beeindruckt und seine sich bildenden staatspolitischen Vorstellungen wesentlich mitbestimmt. Der alte Herr war ein Feind der damals üblichen langweiligen Dozentenmanier des Diktierens, und weil er in der Redeweise frei und lebhaft auftrat, wirkte er und legte den Grundstock zu Bismarcks ungewöhnlich reichen Geschichtskenntnissen. Wenn es auch der Wunsch der Eltern war, der Sohn solle tüchtig in Göttingen Jura studieren, so kümmerte den Sohn dieses wenig. Er interessierte sich in seiner Göttinger Studentenzeit weit mehr für die Historie, die Philosophie und die Mathematik und ließ sein eigenes Fach »schwimmen«.

Bismarcks Einstellung zu den studentischen Verbindungen in Göttingen

Weit wichtiger als das Studium waren dem jungen Bismarck andere Dinge: Dem Zwang der Schule entronnen, wollte er in Göttingen die Vergnügungen eines ungebundenen studentischen Daseins in vollen Zügen genießen. Er selbst hat im hohen Alter bei einer Ansprache an den Prorektor der Universität (heute würden wir sagen Präsidenten), Professor Dr. Friedrich Merkel, seine Göttinger Zeit charakterisiert: »Vor 60 Jahren bin ich in die Tore von Göttingen eingezogen, als flotter, frischer Student und muß sagen, von allen den Orten, denen ich meine Bildung verdanke, ist mir Göttingen noch jetzt der liebste, da so schöne Jugenderinnerungen mich an diese Stadt binden. Zuviel gearbeitet habe ich freilich hier nicht. Jetzt ist die Zeit eine andere, sie erfordert auch von der studierenden Jugend ernsten Fleiß«[10].

Bald nach seinem Eintreffen in Göttingen nahm Bismarck Beziehungen zur studentischen Vereinigung der Burschenschaft auf, die den freiheitlichen und nationalen Geist ganz in seinem

Sinne auf ihr Panier geschrieben hatte. Wie stark ihn schon damals der Gedanke an eine deutsche Einheit bewegte, weil er den festen Glauben besaß, daß die Entwicklung der nächsten Zukunft hierhin führen werde, davon zeugt die berühmt gewordene Wette, die er mit einem seiner amerikanischen Freunde, dem späteren Arzt Amory Coffin, abschloß. Es ging um 25 Flaschen Champagner. Bismarck sagte, in 25 Jahren ist die Einheit erreicht, der Amerikaner zweifelte daran. Den Sekt sollte der ausgeben, der gewinnen würde; wer verlor, sollte über das Meer kommen. Später, bei einem Tischgespräch während des Deutsch-Französischen Krieges im Schloß Versailles erinnerte sich Bismarck hieran (am 1. Februar 1871). Er legte diese jugendliche Wette bei der Abfassung seiner Lebenserinnerungen auch in »Erinnerung und Gedanke« nieder.

Bismarcks anfängliche Sympathien für die Burschenschaft verflogen bald. Er schreibt: »... Aber bei persönlicher Bekanntschaft mit den Mitgliedern derselben mißfiel mir ihre Weigerung, Satisfaction (= Genugtuung durch Ehrenerklärung bei Ehrverletzung) zu geben, und ihr Mangel an äußerlicher Erziehung und an Formen der guten Gesellschaft, bei näherer Bekanntschaft auch die Extravaganz ihrer politischen Auffassungen, die auf einen Mangel an Bildung und an Kenntniß der vorhandnen, historisch gewordnen Lebensverhältnisse beruhte, von denen ich bei meinen siebzehn Jahren mehr zu beobachten Gelegenheit gehabt hatte als die meisten jener durchschnittlich ältern Studenten. Ich hatte den Eindruck einer Verbindung von Utopie und Mangel an Erziehung«[11].

Der Göttinger Aufstand von 1831 und die wenige Tage nach seiner Immatrikulation in Hambach geschehene Erhebung sind nach Bismarcks Urteil zwei revolutionsartige Bemühungen, an denen obendrein Burschenschafter beteiligt waren. Und derartiges stieß ihn ab. Der Mangel an gesellschaftlicher Erziehung und der enge burschenschaftliche Gesichtskreis störten ihn, und noch größeren Anstoß nahm er daran, daß die Burschenschaft keine unbedingte Zurücknahme bei Beleidigungen kannte. Der übermütige Jüngling voller Saft und Kraft wollte sich austoben, wollte auf Mensur gehen und auch bereit sein zum Duell, wenn sich ein begründeter Anlaß finden sollte. In der Erinnerung an diese Zeit, als die Burschenschaften nach der französischen Juli-Revolution von 1830 in verschärftem Zwang den Verfolgungen der Regierungen des Deutschen Bundes ausgesetzt waren, sagte Bismarck im Alter einmal: »Es hing an einem Haar, so wäre ich auch zur Burschenschaft gegangen und dann gewiß auch verurteilt worden, zumindestens aber in die Untersuchungen gegen die Burschenschaft 1833 verwickelt worden«[12]. Bismarck wollte eben nicht das Schicksal Fritz Reuters teilen, der als Jenenser Burschenschafter wegen seiner freiheitlichen Gesinnung 7 Jahre in preußischen Gefängnissen und Festungen hat zubringen müssen.

Bismarck als Mitglied des Corps Hannovera zu Göttingen

Nach reiflicher Überlegung und kritischer Prüfung, welche Korporation für ihn wohl in Frage kommen könnte, ließ Bismarck sich für das Corps Hannovera vorschlagen, wo er am 15. August 1832 ins engere Corps recipiert, d. h. endgültig aufgenommen wurde, nach einem bereits ein Vierteljahr dauernden Göttinger Aufenthalt. Es ist dieses eine nicht unwesentliche Entscheidung in seinem jungen Leben und keineswegs gleichgültig für seinen ferneren Lebensgang. Denn »sag mir, mit wem du umgehst, und ich sage dir, wer du bist«. Die Mitglieder des Corps Hannovera, das damals noch einen ganz landsmannschaftlichen Charakter trug, stammtem vornehmlich aus hannoverschen Offiziers- und Beamtenfamilien und steuerten in der Mehrzahl auf gleiche Berufe zu. Sie hatten sich in dem »Clubb« zusammengefunden, da nach der Göttinger Revolution von 1831 der Zusammenschluß von Studenten in Korporationen verboten war. Auch das öffentliche Tragen der Couleur, für die Hannoveraner das rot-blau-goldene Band und die rote Mütze, war nicht möglich. Hannovera hatte einen guten Ruf und galt als vornehm und gebildet mit der für die Karriere des Aktiven nicht gleichgültigen Gesellschaftspflege im Verkehr der Familien untereinander.

Das Zusammenleben mit seinen Corpsbrüdern verlief für Bismarck so, wie er es sich wohl gedacht hatte. Wir besitzen aus dieser Zeit Äußerungen, die bescheiden und harmlos klingen, wobei ein recht lustiger und vergnügter Ton vorherrscht. Senior oder Sprecher seines Bundes ist er nicht geworden, wohl aber Fuchsmajor und sodann Fechtchargierter wegen seiner besonderen Qualitäten auf diesem Gebiet. Im ganzen hat Bismarck 26 Schlägerpartien gefochten, sich jedoch an Säbel- oder Pistolenduellen nie als Selbstfechtender beteiligt. Als Mensurlokal diente zu seinen Zeiten ein großes Zimmer im ersten Stock des »Deutschen Hauses«, das vor dem Geismartor (heute Deutscher Garten) lag. Über Bismarcks Mensuren ist ausführlich geschrieben worden in Professor Franz Stadtmüllers »Geschichte des Corps Hannovera zu Göttingen« auf Grund des »Paukbuches«, das heute noch vom Corps sorgfältig verwahrt wird. Es ist dieses eine einzigartige Quelle über einen »albernen Brauch, der nur in Deutschland möglich ist«, wie einer der besten Freunde Bismarcks in seiner Göttinger Zeit, der Amerikaner John Lothrop Motley, im Briefwechsel mit seiner Mutter in Nordamerika, urteilte[13].

Mit den akademischen Behörden ist Bismarck wegen seiner Teilnahme an Duellen mehrfach in Konflikt geraten. So wegen seiner Anwesenheit bei einem Pistolenduell, das ausgetragen wurde zwischen einem englischen Studenten namens Knight und einem Herrn von Grabow auf einem Platz in der Nähe des Rischenkruges, einer Wirtschaft auf halbem Wege zwischen Göttingen und Dransfeld gelegen. Bismarck hat hierbei die Rolle des Unparteiischen übernommen und es fertig gebracht, nach dem einmaligen Kugelwechsel die Duellanten wieder zu versöhnen. Mit 10 Tagen Karzer und einem 11. Tag noch zusätzlich, weil er auf die erste Ladung durch das Universitätsgericht nicht erschienen war, wurde er bestraft, weil ja auch die Teilnahme als Zuschauer bei jeder Art von Duellen verboten war. In die Tür des Arrestlokals, das sich damals im alten Collegienhaus befand (heute Universitäts-Bibliothek), schnitzte der Übeltäter seinen Namen ein: »von Bismarck Han. XI D« (= 11 Tage). Diese berühmt gewordene Karzertür befindet sich heute im Städtischen Museum.

Bismarck, der beste Fechter in Göttingen

Bismarcks Ruf, der beste Fechter in Göttingen zu sein, hielt sich lange Zeit, und es wurde noch davon gesprochen, als er 20 Jahre später (am 25. März 1852) einer Forderung des liberalen Abgeordneten Freiherrn Georg von Vincke auf Pistole Satisfaktion geben mußte. Das Duell verlief unblutig. Wenig beachtet und in der Göttinger Bismarck-Literatur bislang nicht erwähnt, ist seine Duellforderung an den berühmten Pathologen Professor Rudolf Virchow (1821-1902), den Gründer der Fortschrittspartei und Mitglied des Preußischen Abgeordnetenhauses. Es ging damals, im Sommer 1865, in dem Budget-Konflikt um die Heeresreform und die Vergrößerung der Flotte. In diesem politischen Streit prallten die zweifellos populärsten deutschen Männer ihrer Zeit, der preußische Ministerpräsident von Bismarck als Verfechter der monarchistischen Rechten und Virchow als der liberale Oppositionsführer, in einer gewaltigen Redeschlacht heftig aufeinander. Während der Verhandlungen der beiden Häuser des Landtages entlud sich der lang angestaute Zorn Bismarcks auf den »kleinen Professor« in einer Duell-Forderung. Anlaß hierzu glaubte ihm die von Virchow in seiner Rede vor dem Parlament am 2. Juni 1865 ausgesprochene Bemerkung zu geben »... so weiß ich in der That nicht, was ich von seiner (des Ministerpräsidenten) Wahrhaftigkeit halten soll«[14].

Da die Aufforderung zu einer Ehrenerklärung, überreicht durch den Vetter von Bismarcks Frau, den Hauptmann von Puttkammer, von Virchow nicht befolgt wurde, fordert Bismarck ihn am 4. Juni zum Zweikampf auf Pistolen. Für den Herausforderer waren zur Erledigung der sich hieran anschließenden mündlichen und schriftlichen Verhandlungen neben Herrn von Puttkammer auch Bismarcks Freund Robert von Keudell und der Kriegsminister Albrecht von Roon als Unterhändler tätig. Gerüchte über die Duellforderung sickerten schnell in die Öffentlichkeit, so daß mannigfaltige Presseberichte in den Zeitungen erschienen, gespalten in sympathisierende und das Duellieren ablehnende Äußerungen. Die Diskussion entflammte bei der berechtigten Frage, ob ein Duell in der damaligen Zeit noch angebracht sei. Virchow lehnte den Zweikampf ab und auch jede Art von Genugtuung. Er wollte nicht »einseitig eine Äußerung zurücknehmen, die nicht einmal beleidigend gemeint sei«. Daß diese üble Kontroverse trotz der verschiedenen Ansichten der Beteiligten ohne Schädigung ihres Ansehens ein Ende fand, ohne daß die Pistolen geladen werden mußten, ist schließlich der Mäßigung beider Gegner zu danken. Der Streitfall verlief ohne Schuß, aber auch ohne Schlußstrich. Gekränkt, daß die Sitte des Duellierens zur Verteidigung der persönlichen Ehre, der er sich als Göttinger Student und als Angehöriger des Corps Hannovera verpflichtet fühlte, nun mit einem Mal keine Gültigkeit mehr haben sollte, zog sich Bismarck in seine gesellschaftlich orientierte Sonderstellung zurück, keineswegs bereit, im Kreise seiner Corpsbrüder und Standesgenossen die Frage zu erörtern, ob das Duell noch zu damaliger Zeit angebracht und zum Schutz der Ehre eines jeden Bürgers annehmbar sei. Virchow dagegen, nach Herkunft und Bildungsstand vollkommen anders orientiert, konnte den Zweikampf mit Säbel oder Pistolen als Wächter der Ehre nicht anerkennen. Er schloß sich ganz der in der allgemeinen Diskussion vorherrschenden Meinung an, daß das Duellieren ein »Krebsschaden sei, der sich erhalten hat aus dem Mittelalter«.

Freundschaften, die Bismarck in Göttingen schloß

Neben seiner leidenschaftlichen Begeisterung für den Fechtsport war dem jungen Otto von Bismarck ein wesentliches Anliegen die Erweiterung seines Horizontes durch einen möglichst vielseitigen Umgang mit älteren Kommilitonen. Er selbst hatte sich auf einer Kneipe den Namen »Kindskopf« gegeben, und dieser Name ist festgehalten auf einem Schattenriß, auf dem er mit Band und Mütze zu sehen ist und der sich auch heute noch im Hause des Corps befindet. Eine enge Freundschaft, die über die Aktivenzeit hinaus bis in das hohe Alter währte, verband ihn mit seinem Leibburschen Adolf Wuthmann und mit mehreren anderen Corpsbrüdern, so vor allem mit dem vier Jahre älteren Gustav Scharlach. Beider Briefwechsel ist durch Scharlachs Tochter in treuer Anhänglichkeit an den bewunderten Freund veröffentlicht worden, wobei Bismarcks Briefe in ihrem Wechsel zwischen witziger Satire und gemütvollem Überlegen sicherlich über ein gewöhnliches Studentenniveau herausragen.

Bismarcks Freundschaft mit dem Amerikaner Motley

Einen Freund für sein ganzes Leben hat Bismarck in Göttingen gewonnen, einen Ausländer, der ihm geistig gewachsen war und der auch das rechte Gefühl für seine Art aufbrachte. Es ist der Nordamerikaner John Lothrop Motley (1814–1877), der zu rechtswissenschaftlichen Studien im gleichen Semester wie Bismarck nach Göttingen kam, sodann mit ihm im Herbst 1833 nach Berlin ging und auch später, als er um die Mitte des Jahrhunderts in verschiedenen europäischen Haupstädten Karriere machte, befreundet blieb. Den Umgang mit diesem Kommilitonen, der auf Anraten seines Lehrers George Bancroft durch sein Studium in Göttingen die deutsche Sprache kennenlernen wollte, schätzte Bismarck ungemein. Der auch literarisch und künstlerisch interessierte Amerikaner war ganz nach Bismarcks Geschmack: stets geneigt zu dummen Streichen, aber auch befähigt, ein vernünftiges Gespräch zu führen. Eine beachtliche Quelle zur Bismarck-Forschung ist der Briefwechsel, den Motley von der Göttinger Studentenzeit an bis zu seinem Tode mit Bismarck und seiner eigenen Familie, die bei Boston im Staate Massachusetts lebte, geführt hat. Dieser ist veröffentlicht worden, dazu in 2 Bänden in Übersetzung ins Deutsche »in wohlfeiler zweiter Ausgabe«. Die Briefe sind nicht nur im Hinblick auf Bismarck bedeutsam, sondern sie sind zugleich eine Fundgrube ersten Ranges zur Göttinger Kulturgeschichte. Denn hier beschreibt ein echter junger Yankee, einer der wenigen in Göttingen nach der »Revolution« noch verbleibenden englisch sprechenden Ausländer, das Leben und die Gewohnheiten in einer ihm völlig fremden Welt. Er erwähnt eine Unmenge ihm absonderlich vorkommender Dinge, die mancher Mitteleuropäer nicht für lohnend befunden hätte, zu Papier gebracht zu werden. Deutlich auch merkt man in der Korrespondenz, welche Rätsel ihm sein Freund Bismarck aufgab. Er hatte nämlich seine Mühe, den Widerspruch zwischen der studentischen Ungebundenheit und der Gebundenheit alles übrigen deutschen und speziell göttingischen Lebens sich selbst und seinen Briefpartnern in der Heimat zu erklären.

John Motley hat sich später als Diplomat im Dienste seines Vaterlandes, vor allem aber als Historiker (durch seine Geschichte des Freiheitskampfes der Niederlande) einen Namen gemacht. Auch in Göttingen hat sein Werk noch heute einen guten Ruf, weil er zweifellos stärker als Bismarcks eigene Landsleute und gleichaltrige Kommilitonen spürte, was die ersten Semester eines Universitätsbesuches als »school for action« in der Entwicklung für seinen Freund bedeutete. Motley verdient seinen Platz in einer biographischen Skizze über Bismarcks Jugend, und so soll auch hier in gebotener Kürze auf einige aus seinem umfangreichen Briefnachlaß herausgesuchte charakteristische Stellen hingewiesen werden.

Der Amerikaner lobt den deutschen Brauch, daß der Student in diesem Lande mehrfach die Universität zu wechseln pflegt »und auf diese Weise einen Vorlesungskursus bei jedem der allerbedeutendsten Professoren von jeder Universität hören kann«[15]. Seine Ankunft in Göttingen schildert er recht humorvoll, obwohl er sich bei der langweiligen Fahrt durch die Lüneburger Heide im Fußgängertempo über die Gemütsruhe der deutschen Postillone ärgert und »diese Kerle phlegmatische Menschenkinder« nennt[16]. Doch mit dem Moment, als er dem Schwager — »mit diesem wohlgefälligen Titel redet man hier die Postillone an« — einen Reichstaler in die Hand gedrückt hatte, peitschte dieser die Pferde in Trab. Nachdem Motley bei dem Kaufmann Rinke in der Buchstraße 9 (heute Prinzenstraße 12, wo auch eine Gedenktafel an ihn erinnert) sein Zimmer gefunden hat, sucht er die Universität eine Weile lang, kann sie aber nicht finden, »denn es gibt keine Universitätsgebäude, wie bei uns, für die Studenten, sondern die Professoren halten die Vorlesungen in ihren eigenen Häusern und die Studenten wohnen bei den Philistern, den Krämern der Stadt«. Die Universitätsbibliothek, »eine unermeßliche Sammlung« lobt er, weil er hier einen Leihverkehr an wissenschaftlichen Büchern kennenlernt, der ihm als Promovierten an der Harvard University bislang fremd war. Über die Gebräuche bei der Immatrikulation macht er sich lustig, weil er »eine endlose Liste von Versprechungen unterzeichnen mußte, die, wie ich glaube, niemals von irgend einem der Studenten im mindesten gehalten werden«. Die hauptsächlichsten »Versprechungen«, die ihm auffielen, waren: den Gesetzen in toto zu gehorchen, sich keiner Landsmannschaft anzuschließen, keine Duelle zu fechten und — staunenswerter Weise — auch kein Bier trinken zu dürfen.

Über die Studenten und deren Sitten und Gebräuche will Motley besonders ausführlich seinen Eltern berichten, weil diese »sicherlich eine eigentümliche und absonderliche Art von Wesen und mit nichts zu vergleichen sind«. Der Studenten seltsame Kleidung mit einem bis auf die Füße gehenden langen Rock sieht er sich genau an und macht sich lustig über die vier Zoll langen Bärte, wobei er wahrscheinlich stark an seinen Studienfreund Bismarck dachte, der von sich selbst sagte: »Einem Friseur habe ich damals nichts zu verdienen gegeben. Die Haare hingen hinten noch länger herunter, über den Rockkragen weg«[17]. Zur Einrichtung eines Studentenzimmers gehört nach den Bemerkungen Motleys eine Sammlung von meistens 20 bis 30 Tabakspfeifen, denn geraucht wird zu jeder Tageszeit und bei allen Beschäftigungen, nur ist es nicht erlaubt, auf der Straße zu rauchen. Seitenlang erzählt Motley den Eltern von der Fechterei und den Duellen, ein Thema, das in seiner Heimat im Staate Massachusetts natürlich völlig fremd ist und großes Interesse findet. Die Gründe, die zum Zweikampf führen können, schildert der Sohn und bringt alle möglichen Weisen von Beleidigungen vor: eine der gewöhnlichsten ist auch die häufigste: seinen Gegner in den Rinnstein stoßen oder von diesem erneut derart angerempelt zu werden, daß er seinerseits auch im Rinnstein landet. Wenn man eine ganz leichte Beschimpfung ausspricht und »Dummer Junge« sagt, so ist nach den regelrechten Gesetzen ein Duell mit 12 Gängen fällig. Nach diesen und ähnlichen Ausführungen, die nicht gerade eine sehr hohe Meinung vom Göttinger Verbindungsstudenten erkennen lassen, kommt eine Reihe von positiven Seiten zur Sprache, und er schreibt zusammenfassend: Die Deutschen sind »die liebevollsten (most affectionate) und die enthusiastischsten Leute von der Welt, und ganz gewiß sind sie die allerfleißigsten und höchst lernbegierig«.

Wenn ein junger Mann wie Motley, aus dem puritanischen Neuengland kommend, um das Jahr 1830 herum seiner Mutter gegenüber die alte schöne Sitte der deutschen Studenten schildert, Brüderschaft untereinander zu trinken, von der feierlichen Zeremonie dieses »Schmollistrinkens« ausführlich erzählt und diesem Brauch obendrein eine angenehme Seite abzugewinnen vermag, so sind derartige uns mitgeteilte kulturgeschichtliche Miniaturen höchst aufschlußreich. Motley machte bald nach seiner Immatrikulation ihm recht angenehme Studentenbekanntschaften und hat sich bei allen Gelegenheiten frei unter den Kommilitonen bewegt, so als gehöre er seit langem zu ihnen. Zum Kreise seines täglichen Umgangs gehörte vor allen andern Otto von Bismarck, der ihm in Göttingen zum Lebensfreunde wurde. Die deutsche Sprache hat er schnell gelernt, Bismarck andererseits sich im Englischen geübt, und so gab und nahm der eine vom anderen, wechselseitig »dear Motley« und der »old friend Bismarck«. Immer wieder haben die beiden Männer sich später getroffen und eine große Zahl von Briefen miteinander gewechselt, wobei Bismarck stets, wenn eine Pause in der Korrespondenz einzutreten drohte, der Treibende war. »Yack, mein Lieber — wo, zum Teufel, steckst Du? ... Wann kannst Du kommen, und wann willst Du es? ... Laß die Politik hängen und besuche mich«[18].

Ein Jahr vor Ausbruch des Deutsch-Französischen Krieges lädt Bismarck seinen lieben Motley, der zum international bekannten Diplomaten seines Landes aufgerückt war, auf sein neu erworbenes Gut Varzin nach Hinterpommern ein und schreibt ihm: »... Meine Frau, Tochter, ich und die Söhne, die ich in zwei Tagen erwarte, würden sich kindisch freuen, wolltest Du uns die Freude machen, alle Tinte, Häusermiethen und Engländer auf einige Zeit aus Deinem Sinne zu verbannen und Dein Wigwam in die pommerschen Wälder verlegen. Wir wollen dann einmal wieder ganz so lustig sein, wie in alter Zeit«. Genau erklärt er dem »ozeanischen Reisenden«, wie dieser aus seinem derzeitigen Londoner Amtssitz in die Buchen- und Eichenwälder Hinterpommerns gelangen könne, »das geht so leicht, wie es früher war, um von Berlin nach Göttingen zu fahren«[19]. Beim Spaziergang besprachen die beiden in der »einfachsten, lustigsten und interessantesten Weise die alltäglichen Gegebenheiten, ohne Affektation«. Zum Ende seines Lebens setzt sich bei Motley ein Bismarckbild durch, das dieser Amerikaner einmal seiner Frau gegenüber beschrieben hat: »Er sieht aus wie ein Koloß ... Dies ist der große Bismarck, der größte der jetzt lebenden Menschen, und einer der größten historischen Charaktere, die es je gegeben«[20].

Von anderen Freunden Bismarcks in Göttingen

Außer mit Motley und dem Arzt Coffin, den wir schon kennengelernt haben, ist Bismarck in Göttingen noch mit einem weiteren Amerikaner, mit Mitchel C. King befreundet, ebenfalls ein Mediziner aus Nord-Carolina, der auch dem Bismarckschen »Clubb«, dem späteren Corps Hannovera, beitrat. Zwei Briefe Bismarcks an King, den er einen seiner besten und ältesten Freunde nennt[21], liegen heute in der Handschriftenabteilung der Kongreßbibliothek in Washington und stellen autobiographische Dokumente von Rang dar. Sie künden von der treuen Anhänglichkeit, die dieser Farmer, der »verheiratet ist, eine Frau, 5 Kinder und viele Neger besitzt, mit denen er Reis und Tabak baut, auch Baumwolle«[22], dem deutschen Freunde bewahrt hat, und die Art, wie dieser sie erwidert hat, spricht für beide Seiten.

Im Verkehr mit den genannten jungen Amerikanern gewann Bismarck eine lebendige Anschauung von einem bisher ihm unbekannten Erdteil, von einer in seinen Augen größeren, politisch reiferen und freieren Welt. Von Motley hat er als Hochbetagter erfahren, wie dieser durch seine internationalen Beziehungen als Diplomat sich bemühte, die nach dem gemeinsamen Göttinger Studium sich bei ihm langsam bildende hohe Bismarck-Vorstellung an den europäischen Höfen zu verbreiten.

In der Jugendzeit tat sich für Bismarck noch ein ganz anderer Kreis auf, als er intensiver in Umgang mit den adeligen preußischen Standesgenossen trat. Unter diesen ist vornehmlich der Zoologe und Botaniker Alexander Graf Keyserling zu nennen. Eine Freundschaft entwickelte sich hier, die auf einen ganz anderen Ton abgestimmt war, so daß er vor diesem Mann, der früh vom Rechtsstudium zur Naturwissenschaft übergegangen war, später einmal sagte, daß er vor dessen Verstand direkt Angst gehabt habe. Motley war ein Freund hohen Lebensgenusses, während Keyserling nur geistige und seelische Freuden als menschenwürdig ansah. Zwischen diesen beiden so völlig verschiedenen Typen kreuzte der junge Otto von Bismarck hin und her, ringend um ein Weltbild, das von dem Amerikaner und dem Grafen erheblich in Göttingen vorgeformt ist. Keyserling ist ebenfalls der Laufbahn des großen Freundes mit ähnlichen Empfindungen gefolgt wie Motley, mittelbar stets in Fühlung mit ihm und auch begeistert, wenn sie sich im Alter wieder trafen. Nach Motleys Tod (1877) war der Graf als einziger übrig geblieben, der mit Bismarck noch über gemeinsame Göttinger Erlebnisse sprechen konnte. Im Juni 1890 sind die beiden alten Herren in Friedrichsruh auf Bismarcks Schloß im Sachsenwald das letzte Mal zusammen gekommen, zwei 75jährige, die als 20jährige ihren Freundschaftsbund geschlossen hatten. Beide waren sich gleich geblieben: der eine als Philosoph im Geiste Alexander von Humboldts die Welt betrachtend, ganz zurückhaltend im Gespräch, der andere in alter Weise wie ein Kämpfer die Gespräche anführend.

Bismarcks Einstellung zu seinen Standesgenossen und zu seinem Göttinger Corps

Über den in der adeligen Gesellschaftsschicht weit verbreiteten Dünkel pflegte Bismarck laut und vernehmlich während seiner Göttinger Zeit zu spotten. In seinen Lebenserinnerungen hat er seine jugendliche Meinung über die adelsstolzen Standesgenossen mit beißender Ironie aufgeschrieben, wenn er da sagt, daß sich in der Liste der in den preußischen Dienst übernommenen Diplomaten »Mitglieder standesherrlicher Häuser befinden, bei denen die Abstammung die Begabung ersetzte«[23]. Obwohl die Georgia Augusta »die Universität der Prinzen und Grafen« damals noch war, hat Bismarck sich in seinem Corps, das in der Mehrzahl aus Mitgliedern bürgerlicher Herkunft bestand, recht wohl gefühlt. Andererseits machte er rückblickend im Alter keinen Hehl in seiner Meinung über die negativen Seiten des Corpslebens. So hat er den Abgeordneten vom Gesamtausschuß des Verbandes alter Corpsstudenten, die ihm am 27. April 1895 das Modell von dem geplanten Bismarckdenkmal auf der Rudelsburg vorführten, klaren Wein eingeschenkt, wenn er sagte: »Wenn ich an meine Corpsverhältnisse zurückdenke, so muß ich doch sagen, daß die schwarzen Punkte, die ich beim Zurückblicken in die Jugend finde, in meinem Corpsverhältnis liegen. Ich hätte mehr gearbeitet, wenn ich nicht im Corps gewesen wäre, und hätte weniger Schulden gemacht«. Zugleich verkennt er aber auch nicht, »die glücklichste Zeit, die ich verlebt habe, liegt in der Jugend, als Student«[24]. Es ist die gleiche Stimmung, aus der der junge Mann 1833 an seine Eltern schrieb: »Ich glaube nicht, daß es irgendwo besser ist als hier in Göttingen«[25].

Ärger Bismarcks mit den Universitätsbehörden

Mit der akademischen Ordnung ist Bismarck während seines Göttinger Studiums mehrfach hart zusammengestoßen. Es ist dieses bei seinem Temperament nicht verwunderlich, vielleicht sogar für ihn bezeichnend. Nach seiner harten Berliner Schulzeit, wo vornehmlich in der Plamannschen Erziehungsanstalt »ein künstliches Spartanertum herrschte«, wollte er nach dem strengen Schulzwang als neugebackener Student an der Universität sich so richtig austoben. Aber er hat in seinen drei Semestern stets ein sicheres Gefühl für die Grenzen gehabt, bis zu denen er sich gehen lassen durfte. Nichts hat er getan, was er ernstlich hätte bereuen müssen, als er aus Göttingen schied. Zahlreich sind die Anekdoten, die sich an seine mannigfachen Streiche in der Göttinger Zeit knüpfen. Hier soll jedoch nur von einigen Begebenheiten erzählt werden, für die es amtliche Belege gibt.

Noch vor seinem Eintritt in die Hannovera fiel er auf: Bald nach Pfingsten war es, als der neu Immatrikulierte bei einer lustigen Zecherei in der »Krone« eine »bouteille« durch das Fenster auf die Weender Straße warf, wofür er von dem Universitätsgericht im Juni 1832 einen Verweis erhielt und einen Gulden Strafe zahlen mußte. Ferner hat er sich mit seinem Freunde Motley einmal in Untersuchung wegen Zertrümmerung von Straßenlaternen befunden, doch wurden beide hierbei freigesprochen. Auch von dem Verdacht auf Hausfriedensbruch (weil er nächtlicherweise in leicht angetrunkenem Zustand zusammen mit seinen Freunden, unter ihnen die Grafen Reinhard und Hermann von der Schulenburg, in das Zimmer eines als feige, aber wohlhabend bekannten Altonaer Studenten eindrang, um diesen durch Lärmszenen zu erschrecken) wurde er freigesprochen. Das Verbot des Rauchens auf offener Straße hat er häufig übertreten — ein Verbot, dessen Aufhebung erst die Revolution von 1848 erreichte — und mußte, wenn er ertappt wurde, einen Taler Strafe zahlen.

Schwerwiegender sind die Karzerstrafen, die er erhalten hat. Hierzu heißt es in seinem ihm von Prorektor und Senat »unter Beidrückung des Universitätssiegels« ausgestellten Abgangszeugnis: »... Hinsichtlich seines Betragens wird bemerkt, daß, außer einigen weniger erheblichen Rügen, zehn Tage Carcer wegen Gegenwart bey einem Pistolenduell, sodann, neben der bedingten Unterschrift des Consilii Abeundi, drei Tage Carcer wegen Gegenwart bei einem Duelle und viertägiges strenges

Carcer wegen Überschreitung des für die Gesellschaften der Studierenden vorgeschriebenen Regulativs gegen ihn erkannt worden sind...«[26]. Einen Teil dieser Freiheitsstrafen hat Bismarck in Göttingen nicht abgesessen, sondern auf seine Bitte hin erst in Berlin, wozu das dortige Karzerbuch kurz notiert: »Otto v. Bismarck, drei Tage, Erkenntniß von Göttingen, Aufführung musterhaft«[27]. Als der Reichskanzler Fürst Bismarck im Alter von den Forschungen hört, die mit Hilfe der Göttinger Universitätsakten bereits zu seinen Lebzeiten über seine Jugendstreiche angestellt wurden, und als dann diese Ergebnisse ihm zugeschickt wurden, da antwortete er: »... Ich habe mich bei der Lektüre Ihrer Aufzeichnungen mit einer gewissen Wehmuth in meine Jugend zurückversetzen können. Ich ersehe daraus mit Vergnügen, daß das Universitätsgericht nachsichtiger über mich urtheilte, als ich nach meiner Erinnerung verdiente«[28].

Neben dem Erlebnis der Freundschaft »beim Bier und auf dem Paukboden« hat nach Bismarcks Worten »das betrachtende Leben in der Natur« einen starken Einfluß in seiner Jugendzeit auf ihn ausgeübt. Wir hören von vielen Ausflügen in die nähere Umgebung Göttingens, aber auch von größeren Reisen, die ihn weit ins Land hinein führten. Von diesen ist wohl die nachhaltigste und erlebnisreichste die Wanderfahrt in den Thüringer Wald Pfingsten 1833 gewesen. Zu Zwölfen mit Bismarck an der Spitze besuchten Göttinger Studenten damals Weimar und Eisenach, die Wartburg und das Lutherzimmer. In Jena kehrten sie natürlich im Gasthaus »Rose« ein, zechten auch ausgiebig auf dem Marktplatz. Durch den lauten Gesang wurden sie dem Jenenser Senat derart verdächtig, daß die vergnügte Gesellschaft ausgewiesen werden mußte. Der Behörde lag der revolutionäre Frankfurter Wachensturm noch frisch in den Gliedern. Da konnte man ordnungshalber zu den eigenen Jenenser Studenten nicht zusätzlich noch auswärtige brauchen, die obendrein noch aus Göttingen kamen.

Bismarcks Abschied von Göttingen

Bevor Bismarck am 11. September 1833 Abschied von Göttingen nahm, um sein Studium in Berlin zu beenden, wurde ihm zu Ehren in Weende in der gleichen Gastwirtschaft mit Namen Lessen (heute Weender Hof), in der er vor 1 1/2 Jahren seine erste Kneiperei mit den Hannoveranern erlebt hatte, »ein Weinkommersch« gegeben. Die Lieder, die in seinem Anfangssemester damals am 13. Juli 1832 gesungen wurden, sind die uns heute auch noch üblichen Verse: »Brüder, lagert euch im Kreise«, »Vom hohen Olymp herab ward uns die Freude«, »Wo Mut und Kraft in deutschen Seelen flammen« und »Der Landesvater«. Seinen Verbandsbrüdern hat Bismarck oft als Vorsänger gedient, und häufig genug hat er ihnen »In einem kühlen Grunde« und andere Lieder anstimmen müssen. Hierüber und über seine Musikalität überhaupt plauderte er mit einer Abordnung der höheren Lehrerschaft Preußens, als diese ihn in Friedrichsruh besuchte. Seiner angeborenen Sonderstellung auch auf diesem Gebiet voll bewußt, sagte er: »Ich habe in Göttingen im Corps immer den Ton angeben müssen«[29].

Zusammenfassung: Bismarcks Göttinger Studentenzeit

Versucht man, über Bismarcks Göttinger Studentenjahre so etwas wie eine Bilanz zu ziehen, dann muß selbstverständlich das hervorgehoben werden, was er selbst zusammenfassend von dieser Zeit gemeint hat: Menschenkenntnis hat er sich hier erworben, und diese verdankt er seinem mannigfaltigen Umgang und dem Leben im Corps. Zwar macht er hierbei als Hochbetagter in seiner Erinnerung Einschränkungen, ringt sich aber im Alter zu der Meinung durch, daß er, wenn er nochmals wieder Student werden könnte, wiederum in ein Corps gehen würde, denn »kein Band halte so fest wie dieses«. Die Erfahrungen, die er durch die Bekanntschaft mit überdurchschnittlich veranlagten Menschen der verschiedensten Nationen und Geistesrichtungen in Göttingen sammeln konnte, wogen ihm die verbummelten Stunden in diesen Jahren auf. Weil Bismarck »die Gabe der Geringschätzung für die Dornen des Lebensweges besaß«, sah noch der 80jährige in den Göttinger Semestern eine Zeit heiteren Glücks.

Anmerkungen

1 Schwineköper, S. 426.
2 König, S. 195.
3 Gesammelte Werke, Bd. 13, S. 347. Reichstagsrede vom 6. Febr. 1888. Der Nachsatz lautet: »... und die Gottesfurcht ist es schon, die uns den Frieden lieben und pflegen läßt«.
4 StadtAGö: Alte Hauptregistratur I A Fach 6 Nr. 3: »Die Verleihung des Ehrenbürgerrechts an Se. Durchlaucht den Fürsten Bismarck«, 1877–1930.
5 Gesammelte Werke, Bd. 15, S. 5.
6 Anfang der »Harzreise«, verfaßt 1824.
7 So urteilt Heinrich von Treitschke, Deutsche Geschichte im 19. Jahrhundert, 4. Teil, Leipzig 1889, S. 157. Auf diese Fehleinschätzung hat bereits Wolfgang Gresky hingewiesen.
8 Universitätsarchiv Göttingen, Fakultätsakten J 134: »Die Verleihung des Dr. jur. honoris causa an Seine Durchlaucht den Fürsten Bismarck«, 1885. Der hier aus der umfangreichen Urkunde gebrachte Text heißt in der Übersetzung: »einstmals durch drei Semester bei uns mit dem Jura-Studium beschäftigt«.
9 Universitätsarchiv Göttingen, Abgangszeugnisse Jg. 1833, Nr. 555.
10 Gesammelte Werke, Bd. 13, S. 507. Ansprache vom 29. Juli 1893.
11 Gesammelte Werke, Bd. 15, S. 5.
12 Auf der parlamentarischen Abendgesellschaft, 12. März 1877.
13 Übersetzung. Brief vom 1. Juli 1832.
14 Stenographische Berichte über die Verhandlungen... beider Häuser des Landtages, Haus der Abgeordneten, 8. Legislaturperiode, 2. Session, 3. Bd., Nr. 62. Hierzu vgl. auch Gesammelte Werke, Bd. 10, S. 241–245.
15 Brief an den Vater. Göttingen, 23. Juni 1832.
16 Brief an die Mutter. Göttingen, 1. Juli 1832. Auch die weiteren wörtlichen Zitate sind diesem Brief entnommen.
17 Ansprache an die Abordnung des Verbandes alter Corpsstudenten, 27. April 1895.
18 Brief Bismarcks an Motley. Berlin, 23. Mai 1864.
19 Brief Bismarcks an Motley. Varzin, 7. August 1869.
20 Brief Motleys an seine Frau. Varzin, 25. Juli 1872.
21 Brief Bismarcks an King, 19. Jan. 1846.
22 Brief Bismarcks an Scharlach, 9. Jan. 1845.
23 Gesammelte Werke, Bd. 15, S. 8.

24 Gesammelte Werke, Bd. 13, S. 586.
25 Gesammelte Werke, Bd. 13, S. 507.
26 Universitätsarchiv Göttingen, Abgangszeugnisse Jg. 1833, Nr. 555.
27 Stadtmüller, Corpsgeschichte, S. 109.
28 Schreiben Bismarcks vom 28. März 1885, s. Mejer, S. 169.
29 Gesammelte Werke, Bd. 13, S. 562. Ansprache vom 8. April 1895.

Quellen und Darstellungen

1. Quellen

Universitäts-Archiv Göttingen
  Abgangszeugnisse 1833. Nr. 555.
  Fakultätsakten. Jur. Fakultät: Die Verleihung des Dr. jur. honoris causa an Bismarck, 1885. Sign.: J 134.
  Sekretariatsakten. Gedächtnisfeier für Bismarck, 1898. Sign.: I B3c Nr. 63.
  Sekretariatsakten. Die Errichtung einer Bismarcksäule, 1900 ff. Sign.: I B3c, Nr. 63.
  Händel mit Otto v. Bismarck. Sign.: Ck CL VI, 8.
  Laternenumschmeissen v. Bismarck. Sign.: Ck CL VI, 22.
  Körperverletzung stud. v. Bismarck. Sign.: Da XVI, 65.
  Bissiger Hund des stud. v. Bismarck. Sign.: Da XVI, 71.
  Unfug. Stud. v. Bismarck. Sign.: Da XVIII, 19.

Universitäts-Bibliothek Göttingen, Handschriftenabteilung
  Bismarck an den Göttinger Bürgermeister Merkel, 1879. Sign.: Cod. ms. phil., Nachtr. 3.

Stadtarchiv Göttingen, Alte Hauptregistratur
  Ehrenbürgerrechtssachen. Die Verleihung des Ehrenbürgerrechts an Bismarck, 1877–1930. Sign.: I A Fach 6, Nr. 3.
  Gedächtnis-Jubiläums-Geburtstags-Feierlichkeiten berühmter und angesehener Personen. Feierlichkeiten zu Ehren Bismarcks, 1875–1888. Sign.: I A Fach 39, Nr. 3.
  Wie oben. Einladung an Bismarck zu einem Besuch der Stadt Göttingen, 1888–1893. Sign.: I A Fach 39, Nr. 4.
  Wie oben. Feier des 80. Geburtstags Bismarcks, 1895. Sign.: I A Fach 39, Nr. 8.
  Wie oben. Feier zum Gedächtnis der 100. Wiederkehr von Bismarcks Immatrikulation, 1931–1932. Sign.: I A Fach 39, Nr. 14.

Corps Hannovera zu Göttingen, Corpsarchiv
  Corps-Berichte WS 1831/1832 bis SS 1833.
  Paukbuch 1832 bis 1833.
  Protokollbuch 1832 bis 1833.

Bismarck-Museum, Friedrichsruh

2. Bibliographische Hilfsmittel

Stolberg-Wernigerode, Albrecht Graf zu: Bismarck-Lexikon. Quellenverzeichnis zu den in seinen Akten, Briefen, Gesprächen und Reden enthaltenen Äußerungen Bismarcks. Stuttgart/Berlin 1936.

Born, Karl Erich (Hrsg.): Bismarck-Bibliographie. Quellen und Literatur zur Geschichte Bismarcks und seiner Zeit. Köln/Berlin 1966.

Gall, Lothar (Hrsg.): Das Bismarck-Problem in der Geschichtsschreibung nach 1945. In: Neue Wisenschaftliche Bibliothek, Bd. 42. Köln/Berlin 1971, S. 427–445.

3. Darstellungen

a) Zu »Das Bismarck-Bild heute«

Bismarck, Otto von: Gesammelte Werke (Friedrichsruher Ausgabe). 19 Bde. Berlin 1924–1932.

Eyck, Erich: Bismarck. 3 Bde. Erlenbach-Zürich 1941–1944.

Eyck, Erich: Bismarck nach fünfzig Jahren. In: Lothar Gall (Hrsg.): Das Bismarck-Problem nach 1945. In: Neue Wissenschaftliche Bibliothek, Bd. 42. Köln/Berlin 1971.

Eyck, Erich: Bismarck und das Deutsche Reich. München o. J. (1975).

Gall, Lothar: Bismarck. Der weiße Revolutionär. München (Propyläen) 1980.

Haffner, Sebastian und Venohr, Wolfgang: Preußische Profile. Hierin: Sebastian Haffner, Otto von Bismarck, S. 93–114. Königstein/Ts., 1980.

Hallmann, Hans: Revision des Bismarckbildes. Die Diskussion der deutschen Fachhistoriker 1945–1955. In: Wege der Forschung, Bd. 285. Darmstadt 1972.

Heuß, Theodor: Das Bismarck-Bild im Wandel. Ein Versuch. In: Lothar Gall (Hrsg.): Das Bismarck-Problem nach 1945. In: Neue Wissenschaftliche Bibliothek, Bd. 42. Köln/Berlin 1971.

Hillgruber, Andreas: Otto von Bismarck. Göttingen 1978.

König, Hartmut: Bismarck als Reichskanzler. Seine Beurteilung in der sowjetischen und der DDR-Geschichtsschreibung. In: Dissertationen zur neueren Geschichte, Bd. 3. Köln/Wien 1978.

Machetanz, Hella Anna Dorothea, geb. Trautmann: Die Duell-Forderung Bismarcks an Virchow im Jahre 1865. Diss. med. Erlangen/Nürnberg (1977).

Mann, Golo: Bismarck. In: Lothar Gall (Hrsg.): Das Bismarck-Problem nach 1945. In: Neue Wissenschaftliche Bibliothek, Bd. 42. Köln/Berlin 1971.

Meyer, Arnold Oskar: Bismarck. Der Mensch und der Staatsmann. Mit einem Geleitwort von Hans Rothfels. Stuttgart 1949.

Philipp, Albrecht und Kohl, Hans: Bismarck-Kalender auf das Jahr 1913. Leipzig 1912.

Rothfels, Hans: Probleme einer Bismarck-Biographie. In: Lothar Gall (Hrsg.): Das Bismarck-Problem nach 1945. In: Neue Wissenschaftliche Bibliothek, Bd. 42. Köln/Berlin 1971.

Schwineköper, Berent: Provinz Sachsen-Anhalt. Handbuch der historischen Stätten Deutschlands, Bd. 11. Stuttgart 1975.

Vierhaus, Rudolf: Otto von Bismarck. In: Lothar Gall (Hrsg.): Das Bismarck-Problem nach 1945. In: Neue Wissenschaftliche Bibliothek, Bd. 42. Köln/Berlin 1971.

Zmarzlik, Hans-Günther: Das Bismarckbild der Deutschen — gestern und heute. Freiburg o. J. (1967).

b) Zu »Bismarck und Göttingen«

Bünsow, Heinrich und Heer, Georg: Die alte Göttinger Burschenschaft 1815–1834. In: Quellen und Darstellungen zur Geschichte der deutschen Burschenschaft und der deutschen Einheitsbewegung, Bd. 13. Darmstadt 1932.

Deneke, Otto: Alte Göttinger Landsmannschaften. Hrsg. von Richard Fick, Göttingen 1937.

Ebstein, Erich: Lothrop Motley und Otto von Bismarck als Göttinger Studenten. In: Gegenwart, Berlin 1904, Nr. 25.

Gresky, Wolfgang: Der Göttinger Aufruhr von 1831. Aus den Briefen des Privatdozenten Dr. Wilhelm Klose. In: Göttinger Jahrbuch, Bd. 16, 1968, S. 177–190.

Henze, Wilhelm: Das Fecht- und Duellwesen an der Universität Göttingen. Diss. phil. Göttingen 1942.

Keyserling, Graf Alexander: Ein Lebensbild aus seinen Briefen und Tagebüchern. Hrsg. von Freifrau H. v. Taube, 1902.

Löschburg, Winfried: Es begann in Göttingen. Berlin (Ost) 1964.

Marcks, Erich: Bismarck. Eine Biographie. 1. Bd.: Bismarcks Jugend 1815–1848. 13. Aufl., Stuttgart/Berlin 1910.

Mejer, Otto: Kulturgeschichtliche Bilder aus Göttingen. Abschnitt VI: Aus des Reichskanzlers göttinger Studentenzeit, S. 155–169. Linden-Hannover 1889.

Meyer, Arnold Oskar: Bismarck in Göttingen. Sonderdruck o. J. Göttingen (1932).

Motley, John Lothrop: The correspondence of John Lothrop Motley, edited by George William Curtis. 2 Bde., London 1889. — Deutsche Übersetzung: Briefwechsel. Aus dem Englischen von A. Eltze. Autorisierte Ausgabe, 2 Bde., Berlin 1890.

Mullen, Thomas E. und Rogge, Helmuth: Zwei unbekannte Briefe Bismarcks, gerichtet an seinen Göttinger Jugendfreund Mitchell C. King. In: Hist. Zeitschr., Heft 202/2, April 1966.
Nissen, Walter: Göttinger Denkmäler, Gedenksteine und Brunnen. Göttingen 1978.
Penzler, Johannes: Geschichte des Fürsten Bismarck in Einzeldarstellungen. Bd. II: Jugendgeschichte des Fürsten Bismarck (bis 1851). Berlin 1907.
Saathoff, Albrecht: Geschichte der Stadt Göttingen seit der Gründung der Universität. Göttingen 1940.
Stadtmüller, Franz: Otto von Bismarck als Student in Göttingen 1832/1833 und seine späteren Beziehungen zu seinem Corps Hannovera, zur Georgia Augusta und zur Stadt. In: Göttinger Jahrbuch, Bd. 8, Göttingen 1960, S. 89–104.
Stadtmüller, Franz: Geschichte des Corps Hannovera zu Göttingen 1809–1959. Göttingen 1963.
Wagner, Ferdinand: Bismarcks Semester auf der Georgia Augusta. In: Protokolle des Vereins für die Geschichte Göttingens. Vereinsjahr 1900/1901. Göttingen 1901, 2. Bd., 4. Heft, S. 144–159.
Zeising, A.: Vom jungen Bismarck. Briefwechsel Otto von Bismarcks mit Gustav Scharlach. Weimar 1912.

Die Beziehungen von Stadt und Universität Göttingen zu Otto von Bismarck

in seinen späteren Lebensjahren und nach seinem Tode, nur in einigen Daten aufgeführt.

1877, 15. März:	Verleihung des Ehrenbürgerrechts der Stadt Göttingen an den Fürsten Bismarck.
1883, 28. Juli:	Bei der Durchreise nach Bad Kissingen wird Bismarck auf dem Göttinger Bahnhof durch Bürgermeister Georg Merkel begrüßt.
1885, 18. März:	Die Universität Göttingen ernennt den Fürsten Bismarck ehrenhalber zum Dr. beider Rechte.
1885, 1. April:	Am Rande des Hainberges an der ehemaligen Kehr-Chaussee oberhalb der Bismarckstraße wird zum 70. Geburtstag des Fürsten Bismarck eine kleine gußeiserne rechteckige Platte eingeweiht. Sie trägt die Inschrift: »Bismarck-Platz. 1. April 1885«.
1892, 17. Juni:	Verleihung der Ehrenmitgliederschaft im Corps Hannovera an den Fürsten Bismarck.
1893, 29. Juli:	Bei der Durchreise nach Bad Kissingen wird Bismarck auf dem Göttinger Bahnhof durch den Prorektor der Universität Professor Dr. Friedrich Merkel und den Oberbürgermeister Georg Merkel begrüßt.
1895, 1. April:	Während der Ovationen, die dem Fürsten Bismarck in Friedrichsruh durch die deutschen Corpsstudenten zu seinem 80. Geburtstag dargebracht wurden, gab Bismarck dem Senior des Corps Hannovera zu Göttingen das Paukbuch und das Protokollbuch aus seiner Aktiven-Zeit zurück, da er glaubte, hieran

	kein Eigentumsrecht zu besitzen. Am Abend fand in Göttingen ein allgemeiner Studentenkommers auf dem Marktplatz statt.
1895, 1. April:	»Am 80. Geburtstag des Fürsten von Bismarck am 1. April 1895 gepflanzt«. So steht auf einem kleinen Gedenkstein vor der Bismarck-Eiche in den Anlagen unterhalb der Merkelstraße.
1896, 18. Juni:	Einweihung des Bismarckturms auf der Höhe des Hainbergs auf dem Kleperberg.
1903, 20. Juni:	Einweihung des Bismarck-Steins auf dem Platz »Am Toppe«.
1932, 9. Mai:	Gemeinsame Kundgebung von Stadt und Universität auf dem Marktplatz in Göttingen anläßlich der 100-Jahrfeier der Immatrikulation Bismarcks. Festansprache von Professor Dr. Arnold Oskar Meyer, München.

Das Bismarck-Häuschen am Wall

Anläßlich der 100-Jahrfeier von Bismarcks Immatrikulation an der Göttinger Universität im Jahre 1932 wurde das Turmhäuschen der alten Stadtbefestigung, am Wall zwischen Groner- und Geismartor gelegen, als Erinnerungsstätte nach Entwürfen des Stadtbaurats Krauspe hergerichtet. Hier hatte nämlich Otto von Bismarck in seinem letzten Göttinger Semester, im Sommer 1833, als Student gewohnt. Die Stadtväter glaubten damals vor 50 Jahren — wahrscheinlich zu Recht —, daß durch Pflege dieses alten historischen Gebäudes man eine Hilfe bieten könne, um die Erinnerung an Göttingens berühmtesten Studenten auch bei den kommenden Generationen wachzuhalten.

Neben der Errichtung und Ausstattung des Innenraumes brachte man als erstes eine Gedenktafel aus Marmor außen am Gebäude an. Doch als diese sofort über Nacht zerschlagen wurde, trat eine eiserne Tafel an ihre Stelle, und diese hängt heute noch dort.

Das Bismarck-Häuschen ist eine alte, wahrscheinlich in den 1447/1448 folgenden Jahren am Einfluß der Leine erbaute Wallbastion, errichtet von den Bürgern zum Schutze ihrer Stadt. Es ist ein Baudenkmal besonderen Ranges und erregt unsere Aufmerksamkeit, denn in Göttingen existiert kein anderer weltlicher Bau, der noch bis in die Zeit des Mittelalters zurückreicht. In der Zeit der heraufziehenden Hussitengefahr sind die Bastionen in ihrer Anlage von großer Bedeutung geworden. Von allen Seiten war damals im Zeitalter ewiger Fehden die Stadt von Feinden bedroht, doch als die Anhänger des tschechischen Reformators Johann Huß (geboren 1369 in Südböhmen, als Ketzer 1415 in Konstanz verbrannt) in gewaltigen Heerhaufen plündernd und mordend auch die Nachbarländer Böhmens durchzogen, da mußte Göttingen auf der Hut sein, zumal da die Einwohnerschaft zu der Zeit, als Göttingen dem Kaufmannsbund der Hanse angehörte, als recht wohlhabend galt.

Um die Mitte des 15. Jahrhunderts waren die alten Festungswerke den modernen Angriffswaffen nicht mehr gewachsen, so daß eine Verstärkung der Mauern unbedingt notwendig wurde. Aus dieser Einsicht bewilligten die Gilden im Sommer 1447 eine außerordentliche Kriegssteuer, nachdem der Rat drei Tage lang über drohende Kriegsgefahren gesprochen hatte. Man begann um die Stadt die neue Befestigung zu bauen, die aus verstärkten Mauern, erhöhten Wällen und vertieften Gräben bestand. Das Mauerwerk sollte vor dem Direktbeschuß durch feindliche Geschütze bewahrt werden. Die eigene Artillerie brachte man in vorgebauten Türmen und Bastionen unter. Und die einzige Bastion, die nach dem Siebenjährigen Kriege nicht gesprengt und nicht abgetragen wurde, ist das heute hergerichtete Turmhäuschen, in dem Bismarck vor 150 Jahren seine Bleibe fand. Hier sah der junge Mann gelegentlich einmal in seine Bücher und überprüfte, was er an Notizen im Kolleg niedergeschrieben hatte. Sehr lieb wurde ihm in der Erinnerung sein Quartier, und wenn er dann im Alter hieran dachte, erzählte er seinen Freunden und Bekannten gern von dieser Zeit.

Der Bismarck-Turm auf dem Kleperberg

Die Idee, Bismarck durch die Errichtung einer Säule, einer Warte oder eines Turmes zu ehren, verbreitete sich noch zu Lebzeiten des Kanzlers im ganzen deutschen Vaterland. Den ersten Anlaß hierzu gab sein 75. Geburtstag am 1. April 1890, als in München unter dem Vorsitz des bekannten Malers Franz von Lenbach ein »Komittee« zusammentrat, das sich für Bismarckdenkmäler aussprach, die nicht auf den Plätzen der Städte selbst, sondern weit außerhalb auf umliegenden Höhen an landschaftlich besonders markanten Plätzen errichtet werden sollten. Unter den etwa 500 Gemeinden, die nach diesen Empfehlungen handelten und die heute ihren Bismarck-Turm besitzen, ist Göttingen eine der ersten Städte gewesen, die den schon lange gehegten Plan zur Errichtung eines Aussichtsturmes auf der höchsten Höhe der näheren Umgebung mit der Absicht verband, diesen Turm dem Fürsten Bismarck zu widmen.

Es ist der Göttinger Verschönerungsverein gewesen, der hier in Zusammenarbeit mit dem 1892 gegründeten Bismarck-Turmbau-Verein die ersten Baupläne für ein zukünftiges Bismarck-Ehrendenkmal entworfen hat. Zunächst sah man es als notwendig und nicht nur allein als höflich an, den Fürsten selbst um seine Zustimmung zur Namensgebung des beabsichtigten Bauwerks zu bitten. Dieser Bitte hat sich Bismarck auch nicht verschlossen. Am 11. Mai 1892 antwortete er aus Friedrichsruh: »Die Absicht, den Thurm auf dem Hainberge nach mir zu benennen, ist für mich sehr ehrenvoll und erweckt in mir frohe Erinnerungen an die Zeit, wo ich in meinem ersten Semester als jüngstes Mitglied der Hannovera mit meinen Genossen trinkend und singend vom Hainberge auf Stadt und Thal blickte ...«.

Leicht ist dem Bismarck-Turm-Verein, dem maßgebenden Architekten Stadtbaurat Heinrich Gerber und dem Maurermeister Conrad Rathkamp die Erfüllung der ihnen zugedachten Aufgaben nicht gemacht worden. Ursprünglich hatte man nur ganz allgemeine Vorstellungen von einem Turm, mindestens 25 m hoch »in rauh behauenem Stein ..., ähnlich dem alten Turm der Plesse«. Ein Bismarckturm sollte mehr darstellen und nicht nur ein gewöhnlicher Aussichtsturm sein. Er mußte »über die Lande ragen und den kommenden Geschlechtern Zeugnis von dem patriotischen Sinn unserer Zeit ablegen«, wie es in einer Werbeschrift damals hieß.

An dem gleichen Tage, an dem durch Kaiser Wilhelm II. auf dem Kyffhäuser, nicht allzuweit von Göttingen entfernt in der Goldenen Aue, das Nationaldenkmal der Deutschen eingeweiht wurde, am 18. Juni 1896, geschah auch in Göttingen die Einweihung des Bismarckturmes. Der Festredner, Justizrat Eckels, versäumte es in seiner Ansprache keineswegs, gebührend daran zu erinnern, daß ohne den großen Kanzler Otto von Bismarck es heute kein Kaiserreich Deutschland gäbe und folglich dann auch keinen Kaiser mit Namen Wilhelm II.

Die feierliche Grundsteinlegung am 28. Juni 1892 auf der Höhe der Kleper, vorgenommen nach altem Brauch durch drei Hammerschläge der Festgesellschaft, begleitet von Reden des Oberbürgermeisters Georg Merkel und des langjährigen Vorstandsmitgliedes des Verschönerungsvereins Justizrat Rechtsanwalt Dr. Hermann Eckels, nutzte der Verein gebührend, um die Öffentlichkeit mit dem ganzen Vorhaben bekannt zu machen.

Die Größe und der Umfang des gesamten Bauvorhabens waren voll und ganz abhängig von den Geldern, die nach mehreren Spendenaufrufen durch Stiftungen und Schenkungen eingesammelt wurden. Sie flossen erfreulicher Weise reichlich, nicht zuletzt durch die geschickte Methode, die von dem Oberbürgermeister ersonnen war, daß jeder, der durch einen Betrag von 500 Mark einen Mauerring von 1 m Höhe stiftete, eine metallene oder steinerne Platte mit seiner Inschrift im Innern des Baues anbringen durfte.

Entstanden war nach vierjähriger Bauzeit ein Rundturm von 31 m Höhe, dem ein um 10 m niedrigerer 6-eckiger Turmbau verbunden ist. Im Rundturm führt eine Wendeltreppe aufwärts bis zu der zinnenbewehrten Aussichtsplatte, auf der man sich

333 m über dem Meeresspiegel befindet. Der gesamte Bau hat 43 700 Mark gekostet, eine Summe, die im wesentlichen durch Spenden und Stiftungen zusammengekommen ist, ein Ergebnis, auf welches das Spenden-Komitee genauso wie die Göttinger Bürger damals recht stolz waren.

Nach der Einweihungs-Zeremonie, an der die Spitzen der Göttinger Gesellschaft vollzählig teilnahmen, fand ein »Frühtrunk mit Musik«, ausgeführt durch die Militärkapelle, im Stadtpark statt, dort also, wo heute die Stadthalle steht. Nachmittags um 4 Uhr unterhielt man sich gut bei schönem Wetter durch die Gesangsvorträge der Liedertafel und des Männergesangvereins unter Leitung von Professor Freiberg. Abends konnte man bis in die Nacht hinein ein Tänzchen wagen.

Als die 21 Salutschüsse, ausgelöst von der Artillerie des Schützenvereins mit städtischen Geschützen am Fuße des Hainberges, verklungen waren, war der Bismarckturm eröffnet und wartet seitdem in den Sommermonaten von 10 Uhr bis zum Eintritt der Dunkelheit auf Besucher.

Anhang

Ehrenbürgerbrief der Stadt Göttingen

Der Magistrat der Stadt Göttingen mittelst dieses urkundet und bekennt: Nachdem von uns unter Zustimmung des Bürger-Vorsteher-Collegii beschlossen, Seiner Durchlaucht dem Fürsten von Bismarck, Kanzler des Deutschen Reiches, Präsidenten des preußischen Staatsministeriums, Minister der auswärtigen Angelegenheiten, Mitgliede des Herrenhauses, General-Lieutenant à la suite des Magdeburger Kürassier-Regiments Nr. 7 und Chef des Magdeburger Landwehr-Regiments Nr. 26, Doctor juris pp. in Erinnerung an die von ihm in unserer Universitätsstadt verlebte akademische Jugendzeit, in Erwiderung des oft bewiesenen treuen Gedächtnisses für diese Stadt und in freudiger Anerkennung der großen Verdienste, welche derselbe um die Machtstellung der deutschen Nation und Herstellung des Deutschen Kaisserreichs sich erworben hat,

das Ehrenbürgerrecht der Stadt Göttingen

zu ertheilen, so verleihen wir dem Kanzler des Deutschen Reiches, unserem früheren Akademischen Mitbürger hiermit solches Ehrenbürgerrecht der Stadt als ein patriotisches Zeichen aufrichtiger Dankbarkeit und hoher Verehrung und haben darüber die gegenwärtige Urkunde unter Beidrückung des großen Stadtsiegels ausgefertigt und vollzogen.

So geschehen Göttingen, den 1. Februar 1877.
Der Magistrat der Stadt Göttingen.
(L. S.)   gez. G. J. Merkel

Otto von Bismarck an Bürgermeister Merkel, Göttingen

Varzin, 13. Juli 1884

Mit meinem verbindlichen Danke für die freundliche Begrüßung vom 8. d. M. bitte ich Euer Hochwohlgeboren den kommunalen Vertretungen Göttingens meine Freude über die Unterstützung auszusprechen, welche sie ihrem Ehrenbürger in Aussicht stellen.

Wenn ich in hiesiger Zurückgezogenheit Ihre Zuschrift ausnahmsweise direkt beantworte, so darf ich das ohne Ungehorsam gegen die ärztliche Fakultät, weil das Datum Göttingen für mich stets so einheimelnde Erinnerungen hervorruft, daß ich unter deren Einfluß die Betheiligung am Geschäftsleben mit der mir vorgeschriebenen Ruhe vereinigen kann.

v. Bismarck

Otto von Bismarck an den Prorektor der Universität,
Herrn Konsistorial-Rath Dr. Ritschl in Göttingen

Berlin, den 18. Mai 1887

Euerer Magnificenz und des Senats der Georgia Augusta liebenswürdige Einladung zu dem 150-jährigen Stiftungsfest der Universität habe ich mit verbindlichstem Dank erhalten. Ich fürchte aber, daß meine Gesundheit mir nicht erlauben wird, mich bei der Feier zu betheiligen, soviel Freude es mir auch machen würde, die alten Räume wieder zu sehen und die Erinnerung an viele frohe Stunden an Ort und Stelle zu erneuern.

v. Bismarck

Otto von Bismarck an das Corps Hannovera

Friedrichsruh, den 23. April 1892

Die telegraphische Begrüßung des Corpskonvents zu meinem Geburtstage hat mich sehr wohlthuend berührt als Erinnerung an meine 120 Semester zurückliegende Göttinger Zeit und als Beweis, wie warm die Herren Commilitonen ihres alten Herrn gedenken. Mit herzlichem Danke für die freundlichen Glückwünsche und in der Ueberzeugung, daß die Hannovera in alter Einigkeit und altem Burschensinne weiterblühen wird,

v. Bismarck

Otto von Bismarck · Briefe
Ausgewählt und eingeleitet von Hans Rothfels. 2. Aufl. 1970. 456 Seiten, kartoniert

Walter Nissen
Göttinger Denkmäler, Gedenksteine und Brunnen
1978. 84 Seiten und 4 Bildtafeln, kartoniert

Walter Nissen
Göttinger Gedenktafeln
Ein biographischer Wegweiser
1962. Mit Ergänzungen von 1975.
176 Seiten und 20 Seiten mit 4 Bildtafeln, kartoniert

Wilhelm Ebel
Memorabilia Gottingensia
Elf Studien zur Sozialgeschichte der Universität.
1969. 193 Seiten, engl. broschiert

Göttinger Studenten-Stammbuch aus dem Jahre 1786
In Auswahl herausgegeben und mit einem Vorwort von Wilhelm Ebel. 1966. 141 Seiten, 66 Faksimilewiedergaben, Paperback

Vandenhoeck & Ruprecht · Göttingen

Der Göttinger Student

oder

Bemerkungen, Rathschläge und Belehrungen über Göttingen und das Studenten-Leben auf der Georgia Augusta

Neudruck der Ausgabe von 1813 (und 1913). 1981. X, 117 Seiten mit 8 Ansichten, engl. brosch.

Nach dreijährigem Studium hat 1813 ein »abgehender Zögling« der Georgia Augusta die Summe seiner Göttinger Erfahrungen in einem Büchlein niedergelegt. Der Leser erfährt alles Wichtige über die Einrichtung der Universität, den richtigen Umgang mit Professoren, Kommilitonen, Hauswirten, Bediensteten, über Wanderziele, Zeiteinteilung etc. Ein ausführliches Vokabular der Studentensprache schließt die amüsante Darstellung ab.

Übersicht: Von der Stadt Göttingen überhaupt / Göttingen als Universität / Von der umliegenden Gegend / Vom Studentenleben / Von der nützlichen Anwendung der Zeit / Gebräuchlichste Ausdrücke und Redensarten der Studenten.

Vandenhoeck & Ruprecht · Göttingen